SALTO

Wilfried de Jong

Salto

Sportcolumns

Uitgeverij Podium
Amsterdam

Omslagontwerp Studio Ron van Roon
Foto auteur Lenny Oosterwijk
Typografie Sander Pinkse Boekproductie

ISBN 978 90 5759 883 8

Verspreiding voor België: Elkedag Boeken, Antwerpen

www.uitgeverijpodium.nl

Trapmachine

Zijn hoofd was weg. Zelfs van de helm geen spoor. Op de tijdritfiets reed alleen een romp met twee armen en benen. Zo van achteren leek Tom Dumoulin op een trapmachine. Nummer 181 reed feilloos en snoeihard.

Even later gleed Nairo Quintana van het startpodium in Monza. Hij droeg de kleur roze waar het maar kon. Roze kousen, roze schoenen, roze helm. Het was iets te veel van het goede, de klassementsleider zag er eerder kinderachtig uit dan onoverwinnelijk.

De strijd om de seconden tussen de twee mannen was in volle gang.

Dumoulin verscheen weer in beeld, vanaf de zijkant nu. Zijn hoofd zat goed weggestopt tussen zijn schouderbladen.

Waar zou hij naar kijken op lange, rechte stukken? Naar het asfalt? Naar zijn benen? Of naar een zweetdruppel die op het stuur valt om met een snelheid van 52 kilometer per uur tot een zoutstreepje te worden geblazen door hete Lombardische lucht.

Drie weken was Dumoulin door Italië geraasd. Altijd maar vooruitkijken. Niet stilstaan bij monumenten en kerken, paarden in de wei, vluchtelingen op Sicilië, onaffe maffiaflats langs de kust of een stadje met aardbevingsschade.

Altijd maar doorrijden, behalve die ene keer. De sanitaire stop kostte hem veel tijd, het dreigde een verhaal te worden dat aan hem zou blijven kleven, zeker als hij de Giro zou verliezen.

Even zag ik door zijn tijdrithouding – de handen gevouwen voor een gebogen lichaam – een biddende man in de Limburgse coureur. Maar eerbied is hem vreemd. Dumoulin had openlijk kritiek geuit op Nibali en Quintana en hij verlangde onderweg hulp van Kruijswijk en Mollema.

Dumoulin buigt alleen voor zijn teamgenoten.

Op hoge snelheid reed hij het historische deel van Milaan binnen en daarmee ook de geschiedenis van de Giro. Dumoulin ging een grote ronde winnen waarin renners elkaar dagelijks hadden bevochten, zelfs als hun lichamen protesteerden. De pijngrens werd keer op keer verlegd.

Vlak voor de finish pakte Dumoulin de stuurgrepen stevig beet; het bloed verdween uit zijn vingers en onder de nagels zag ik wit, afgeknepen vlees. Hij stapte van zijn fiets, deed zijn helm en zonnebril af en ging bij een monitor zitten.

Quintana slingerde te ruim door een bocht. Dat scheelde kostbare seconden. Nog even en de oudjes Jan en Joop konden eindelijk – na zevenendertig jaar wachten – een plek vrijmaken op het erebankje.

Daar was het moment al: de klok tikte door in het voordeel van de Nederlander.

Die kop met dat zwarte haar, de zachte lach, zijn vuisten, de handdoek over het hoofd en dan weer die lach, nu uitbundiger en bevrijd van zenuwen.

Ik moest de woorden opschrijven om ze te geloven: Tom Dumoulin wint op zondag 28 mei de Giro d'Italia 2017.

Poef. Poef. Poef.

De dochter van Muhammad Ali stuurde een bericht de wereld in: nadat alle lichaamsdelen van haar vader op zijn sterfbed waren stilgevallen, bleef zijn hart nog dertig minuten kloppen. De laatste slagen van een sporthart, gedempt door een vierenzeventigjarige borstkas. Als het geluid van een vermoeide bokser die in de gym achter gesloten deuren nog een paar stoten oefent op de zak.

Poef. Poef. Poef.

Zolang zijn hart klopte – hoe zacht ook – leefde er nog iets in Ali en was hij er nog voor de wereld.

Die mooie Ali, met dat prachthoofd waar geen plaats was voor littekens. Zijn hele leven schudde hij van 'nee' als hij in de ring geraakt werd. Nee, het deed geen pijn. En de stoten van Frazier en Foreman waren mis. Met zijn shuffle en reactievermogen was hij iedereen te snel af.

Zo leek het.

Maar Ali werd in zijn glorietijd juist veel geraakt. Vooral in figuurlijke zin; door racisten, politici en bestuurders. Die pijn was universeel, vooral voor zwarten. Zijn statements werden uppercuts om het onrecht te bestrijden.

In de nadagen van zijn carrière eiste de bokssport zijn tol. Zijn parkinson werd in verband gebracht met de beuken op zijn hoofd. Ali bleef ontkennen. In de schuddende, verijsde man zat een levendig, wijs, brutaal en grappig jongetje. Bij een uitreiking zei hij, met steeds zachter wordende stem: '*I'll be back*.'

Hoe lang tikte zijn hart nog?

Poef... Poef.

Ja, ook ik was zo'n jongetje dat midden in de nacht opstond en verdoofd door de slaap keek naar Ali. Tegen George Foreman in Kinshasa. Ali danste niet, hij hing in de touwen. Ik was zo bang dat hij ging verliezen. Een ronde van drie minuten voelde aan als een eeuwigheid.

En dan opeens Ali's spervuur aan stoten in de achtste ronde.

Hij won.

In de kleedkamer lag Foremans hoofd onder ijszakken. Hij telde terug van 100 naar 0 om zeker te weten dat zijn hersens in orde waren. Hij kon zich niet herinneren hoe Ali hem knock-out had geslagen: 'Ik denk dat je zo'n stoot niet echt ziet, dat je die niet beseft.'

Na een half uurtje op het sterfbed stopte het hart van Ali voorgoed.

Uitgeteld.

Thuis pakte ik het reuzenboek *GOAT, The Greatest of All Time*, en keek naar de vierkante foto op het omslag. 1966. We hangen boven de ring. Cleveland Williams ligt verslagen in een hoek op het belopen canvas.

In de andere hoek staat een man met beide bokshandschoenen omhoog. Zwart kroeshaar. Bronzen schouders. Wit satijnen broekje van Everlast, witte schoenen.

Ik zie hem zo staan – toen al een icoon – en denk aan het hart dat nog zoveel jaren bleef kloppen.

Muhammad Ali. Wat een man.

De Klassieker

Feyenoord-Ajax is als het opkloppen van eiwit. Het roeren maakt enorme herrie, je gaat geloven in een almaar rijzende substantie. Zolang je blijft opkloppen is er niets aan de hand. Maar laat het eiwit een tijdje staan en zie: er ligt een onbestemd plasje op de bodem.

Dirk Kuijt sprak vooraf over het kippenvel en over het uitdelen van een doodschop met respect. Davy Klaassen kreeg een kick van schreeuwende Feyenoord-supporters op de eerste rijen rond het veld. Ieder jaar laat ik me weer opnaaien door die praatjes vooraf. Als Rotterdammer bezorgt de Klassieker me bij het opstaan al een verhoogde hartslag. En het bijgeloof speelt op: de laatste jaren scoort Ajax steeds als ik koffiebonen maal in de keuken.

Voor aanvang van het duel keek ik naar Peter Bosz. Een buikje achter een grijs vest. Daar plaatste hij zijn armen voor, als slagbomen die een emotionele eruptie moesten voorkomen. Achter Bosz stond een dikke supporter met een colaflesje. Er zat een rietje in. Een rietje, rudimentair hulpmiddel uit de tijd van Coen Moulijn en Sjaak Swart.

In de eerste helft was het tempo vaak laag. Feyenoord leunde op de verdediging, Ajax speelde slordig. Een spannende wedstrijd met matig voetbal. Ik liet me afleiden door de lage herfstzon; de spelers zaten met hun voeten vast aan lange schaduwen.

Feyenoord ging te wild met de kansen om. Vijftigduizend mensen grepen op identieke wijze naar hun hoofd. Twee handen op het haar of de kale schedel. Het eiwit werd flink opgeklopt, het schuimde zowat over de rand.

Langs het veld wiegde Giovanni van Bronckhorst met zijn heupen in een winterjas die zo strak zat dat de materiaalman na afloop waarschijnlijk moest helpen bij het uittrekken.

De tweede helft was begonnen. Ik had trek in koffie. Durfde ik te gaan malen? Niet aanstellen. Terwijl de koffiebonen sprongetjes maakten om de draaiende mesjes te ontwijken, hoorde ik dat Ajax had gescoord. Kasper Dolberg toonde zich in de herhaling een beheerste spits. Zo op het eerste oog leek hij me een koele espressodrinker.

De glasharde Karim El Ahmadi gaf een Marokkaanse vriendendienst aan de geblesseerde Hakim Ziyech. De Feyenoorder pakte een voet van Ziyech en probeerde de kramp uit het been van zijn Amsterdamse collega te krijgen. Ik zag dit tafereel liever dan het UEFA-woordje RESPECT op een reclamebord.

Kuijt kwam los van zijn schaduw en dook naar de bal. 1-1. Het opgeklopte eiwit klotste weer over de rand. De Klassieker was afgelopen. Mijn hart hervond het normale ritme. Ik rekte – afgekeken van Ajax – een beetje tijd, begon aan het tikken van deze column en vroeg me af wat het netto uitlekgewicht was van deze Klassieker.

Beide clubs waren er niets mee opgeschoten.

De buik van Dafne

Vlak voor de start tovert ze een mysterieuze glimlach op haar gezicht. Er zit van alles in: verlegenheid, plezier, sympathie, maar vooral, de ongenaakbaarheid van een kampioene. Op haar ooglid staat: ik ben straks de snelste op de 60 meter indoor.

Atlete Dafne Schippers weet wat ze kan, weet waar ze voor komt. Twijfel blijft achter aan een haakje in de kleedkamer.

Schippers is groot, breed en lang. Dat is voor een sprinter geen voordeel. Je springt moeilijker uit de startblokken. Daarom ligt ze bij iedere wedstrijd achter na de start. Maar haar gezicht spreekt alweer: rustig maar, mijn goede meters zitten aan het einde van de 60 meter. Zeven seconden hardlopen. Meer is het niet. Elke hapering is fataal. Maar Schippers maakt geen fouten, haar motor verzaakt niet.

Er zijn weinig sporters zo zeker van hun zaak als Dafne Schippers.

Ze heeft het predicaat 'koele kikker'. Als daarmee bedoeld wordt dat ze niet na elke wedstrijd met een schreeuwende stem 'supergaaf!' roept, ben ik blij met haar ingetogen manier van doen. En denk nog eens terug aan haar tranen bij het Wilhelmus na de gouden race tijdens de EK in 2014.

Bij de EK indoor in Praag is Schippers op haar gemak. *What you see is what you get*. Een jonge vrouw die vertrouwt op de kracht van haar pas tweeëntwintigjarige lichaam.

Vlak voor de finale besluit ze even in bed te kruipen. Schippers wordt na een half uurtje wakker. Het hazenslaapje heeft geholpen; ze voelt zich uitgerust en sterk.

Aan de start weer die onaantastbare blik. Benen ontspannen slingerend. Haar schoenen in de startblokken. Vingers vlak voor de witte streep. Het hoofd voorover. Een deel van het blonde haar hangt los en valt als een gordijn voor haar gezicht.

Dafne is afgesloten van de buitenwereld.

Het schot. Het grote lijf richt zich op. De enorme dijen verzetten werk. Ze ligt nog achter. Geen paniek. Het komt, het komt. Ze weet het zeker.

Als de verslaggever tijdens de sprint haar ontspanning roemt, kijk ik in die luttele seconden naar haar afgetrainde buik. In het midden knipoogt de navel als prinses Eenoog. Het dunne vel eromheen gaat lichtjes op en neer: de buik van Dafne heeft het uitstekend naar de zin.

Schuddebuiken, zo kun je het noemen. Van plezier. Weer is er niemand die van haar gaat winnen.

Aan de finish drukt ze haar borst naar voren. Het stootkussen valt bijna flauw als het Schippers opvangt. Ze is Europees kampioen. Natuurlijk. Wij wisten het. Zij wist het.

Dafne Schippers is een feest van zelfvertrouwen.

Vaderpaard

Met een victoriewijsvinger in de lucht reed Jeroen Dubbeldam rond op een paard. Hij was net wereldkampioen geworden. Vreemd, hij zat niet op zijn eigen paard.

Tijdens de finale in het Franse Caen moesten de vier ruiters ook elkaars paard één keer berijden. Moeilijk voor de drie jockeys en de amazone, ze hebben zo'n symbiotische verhouding met hun edele dier.

In mijn leven is het me nog niet gelukt om contact te krijgen met een paard. De twee keer dat ik er tijdens een vakantie op zat, gedroegen de stoffige huurmodellen zich als bokkige ezels.

Met geen stok vooruit te krijgen.

Jeroen Dubbeldam heeft een sensitief zitvlak en dwingende dijen. De handen aan de teugels doen het precisiewerk. In de finale had Dubbeldam maar 180 seconden om te wennen aan een vreemd paard. 180 seconden? Wat is een kennismaking van drie minuten vlak voor een finale?

Als een overtuigd biseksueel zette Dubbeldam de twee merries en twee hengsten naar zijn hand. Hij is de ideale partner voor een paard: duidelijk, ontspannen in de heupen, leidend en lief tegelijk.

Jeroen reed een oefenrondje, sleutelde wat onder het zadel, prikte met zijn sporen in de huid en vervolgens luisterde het paard als een fijn afgestelde auto.

Tot vier keer toe reed Dubbeldam een perfecte ronde. Ogenschijnlijk eenvoudig sprong de Nederlandse stilist foutloos over de hindernissen. De staart van het paard gleed over de oxer; het uiteinde aaide als een vederlichte kwast het stof van de balk.

Hij had een mooi leven, die Jeroen. Optrekken met grote dieren die luisteren en niets terugzeggen. Een paard doet wat het is aangeleerd. Heeft Jeroen liever een zes-galop voor de oxer dan een zeven-galop? Dan voert zijn paard die opdracht perfect uit.

Er was maar één smetje op de finaledag van Dubbeldam: zijn duim had een tikje opgelopen tijdens de tweede rondgang. Het deed pijn rond de nagel. Terwijl zijn tegenstanders sprongen, zoog Dubbeldam aan zijn duim. Misschien was het achteraf de juiste afleiding voor de spanning.

Na de euforie van de overwinning liep Dubbeldam naar de zijkant van de bak. Zijn dochter was van de tribune gekomen en holde in de arena op haar vader af. Na een gestrekte draf sprong ze in zijn armen.

Als een jonge amazone klemde het meisje het vaderpaard tussen haar benen. Papa moest even niets doen. Alleen maar gehoorzamen: stil blijven staan en luisteren naar haar snikken. Hij deed het met verve. Dat maakte Dubbeldam in één dag tot een weergaloze ruiter, een paardenvriend en een ontroerende vader.

Ik blies adem uit tussen mijn lippen. Het klonk als een tevreden hengst na een handje krachtvoer.

Een salto van Sanne

Turnster Sanne Wevers zei: 'Balk blijft balk.' Ze doelde op de onvoorspelbaarheid van haar sport. De balk is maar 10 centimeter breed. Of smal, eigenlijk. Hoe moeilijk wil je het mensenvoeten maken? Eén moment van verslapping en je moet eraf springen.

Iedereen heeft herinneringen aan de evenwichtsbalk. Op school lag dat kreng een paar keer per jaar op pootjes klaar in de gymzaal. Van de sportleraar hoefde je niets anders te doen dan eroverheen te lopen. Zelfs dat bleek al een enorme klus.

Sanne Wevers is vierentwintig jaar en heeft in haar turnleven al duizenden meters over de balk gelopen. Ik vermoed dat ze het ook met de ogen dicht kan.

Tijdens de WK-finale nam ze een aanloop en hup, ze stond op haar bekende plek. Op haar balk. Met schoentjes aan, want in Glasgow was het oppervlak van de balk zachter dan in Nederland. Geconcentreerd werkte ze toe naar haar specialiteit: de dubbele Wevers-pirouette.

Halverwege de balk ging Sanne op één voet staan. De hiel ging omhoog. Een forse swing vanuit de heupen. Kaarsrecht draaide Sanne twee rondjes op haar tenen. Met kracht, met gratie. Als een tol bleef de voet op zijn plaats. Nergens twijfel. Dit was wat je 'evenwichtskunst' noemde.

Ze kreeg een tussenapplaus en vervolgde haar weg

op het smalle pad. Ik zocht naar het plekje waar de pirouette zojuist was gedraaid. Ik verwachtte een paar krulletjes op de balk te zien, van het boren.

Ze moest ook nog even met het hele lijf dicht bij de balk zijn. Dat element was verplicht bij deze oefening. Sanne ging langzaam liggen. In een liefdevolle omhelzing streelde ze met haar vingers het magnesium los van de bovenkant. De balk kreeg er een kleur van.

Sanne ging weer staan. Af en toe verstoorde de zwaartekracht kort het evenwicht. Want: balk blijft balk. Maar ze bleef staan. Het signaal voor de afsprong klonk. Een salto en Sanne landde op de mat.

Terwijl de jury het hoofd boog over haar oefening, ging Sanne op de grond zitten; één been in een knik, het andere uitgestrekt. Ze pakte een schriftje met lijntjespapier en begon met een balpen te schrijven.

Werd dit instant turnpoëzie?

De camera zoomde in. Letters, cijfers. Sanne schreef haar oefening uit en rekende de moeilijkheidsgraad uit. Toen de jury met de uitslag kwam, tekende ze protest aan.

Wie tijdens een turnfinale de strijd aandurft met de jury, kan bij mij niet meer stuk. Sanne had gelijk; de D(ifficulty)-score was 5.7 en niet 5.6. De jury moest overstag.

Sanne behaalde zilver. Ze won van de jury.

'Dit is historisch,' zei ze naderhand.

Ja, en dat op een hondsmoeilijk, raar toestel: de balk.

Rijstijl

Alberto Contador en Christopher Froome reden *mano a mano* de allerlaatste berg op in de Vuelta. De wielrenners gingen samen uitvechten wie de sterkste was na drie weken fietsen door Spanje.

Het was een uitgelezen gelegenheid om de rijstijl van beide mannen eens te bestuderen.

Met een mooie stijl win je geen etappes – ik weet het – maar wielrennen is een sport waarbij de televisiekijker urenlang naar hetzelfde tuurt: trappende renners die keer op keer dezelfde beweging maken. Dan is het plezierig als die beweging een zekere schoonheid heeft.

De stijgingspercentages op de slotklim liepen soms op tot 18 procent. Het uiterste van hun lichamen werd gevergd. Hoe hielden de twee lijven zich bij zo'n uitputtingsslag?

De lange benen van Froome trapten in een snel tempo. De trapfrequentie lag hoog. Allemaal uitgedokterd door wetenschappers. Froome liet regelmatig het hoofd vooroverhangen. Met zijn handen op het stuur bekeek hij zijn eigen benen en de digitale getallen op zijn metertje op het stuur.

Contador kleefde aan het achterwiel van Froome. De Spanjaard reed met een zwaarder verzet omhoog. Contador zweert bij souplesse. Hij gaat veel op de pedalen staan en laat zijn heupen lichtjes heen en weer swingen. Zijn vingers zitten om zijn remgrepen.

Meteen maar zeggen wie ik prefereer? Contador.

Hij komt voort uit de traditie van sierlijke klimmers. Federico Bahamontes, José Manuel Fuente, Lucien van Impe, Marco Pantani. Ze raakten in vuur en vlam zodra het asfalt omhoogliep en hadden de behoefte om te ontsnappen aan het peloton.

Alleen op de top van een berg aankomen, dat is voor een klimmer het hoogste goed.

Op vijf kilometer voor de finish deed Froome zijn zonnebril af en stopte hem in zijn achterzak. Hij keek naar Contador. Froome versnelde voor de zoveelste keer, maar Contador bleef volgen. Ze reden even naast elkaar. Wat een verschil; Froome leek machinaal in elkaar gezet, Contador met de hand.

In de laatste kilometer reed Contador weg van zijn rivaal. Toen hij over de streep kwam, wees hij naar zijn rechterbeen. Onder de huid zat een bot dat twee maanden geleden brak na een val in de Tour de France. Bovendien zat er een diepe wond in zijn knie. Hij mocht weken niet fietsen. Niemand geloofde toen nog dat Contador de Vuelta zou rijden.

Na de finish vochten verslaggevers om een plekje voor hun microfoon bij de mond van Contador. Achter zijn rug probeerde Froome zich een weg te banen door de menigte. Hij moest langs het oploopje.

Over stijl gesproken, Contador kreeg van Froome twee schouderklopjes. Keurig. Zo ga je als verliezer om met de winnaar.

Feyenoorders in het wild

Mijn moeder had het graag over Rinus Israels. En over Theo Laserom. Ze nam een loopje met de spelling van de namen van het oude verdedigingskoppel van Feyenoord. Een s-je meer of minder, wat maakte het uit? Als die stoere mannen maar in de verdediging stonden, kwam alles goed met haar club.

Na een leven in het Zuid-Hollandse boerendorp Hazerswoude was mijn moeder met mijn vader naar de grote stad getrokken. Ze kon moeilijk heel haar leven juichen voor de Hazerswoudse Boys. Ze werd Feyenoord-supporter. Ik werd geboren in de Fortunastraat in Rotterdam. De grootste club uit de stad moest mij een leven lang geluk bezorgen.

En dat geluk kwam vlot.

Op mijn dertiende stond ik met mijn moeder op de Coolsingel te kijken naar mijn favoriete elftal. Op het balkon van het stadhuis ging de cup met de grote oren van hand tot hand. Feyenoord stond inderdaad voor geluk, dacht ik toen.

Ik voetbalde me gek op straat en bij mijn club om zoveel mogelijk op Feyenoord-spelers te lijken. Bij een stevige sliding was ik Theo Laseroms, als middenvelder deed ik net als Willem van Hanegem alles met links en een bal direct uit de lucht op doel knallen, precies: Franz Hasil.

Het hoort bij een onbezonnen jeugd. Helden nadoen. Zoals je een gitaarsolo speelt op een tennisracket.

Tijdens mijn studie kreeg ik een huurwoning in het Oude Noorden, van oudsher vruchtbare bodem voor Feyenoord-voetballers. Wim Jansen, Jan Boskamp. En Coen Moulijn.

Ik woonde in de Bloklandstraat, driehoog. Als ik uit mijn raam hing, zag ik het doodlopende deel van de straat. Aan het einde stond een muurtje. Het muurtje van Coen. Ik interviewde Coens moeder voor een stadsvernieuwingsboekje. Ze woonde vlakbij, op het Zwaanhals in een flatje. Ze toonde foto's van Coen. De mooiste: Coen trots als een pauw met zijn nieuwe auto – een Simca? – die hij recht voor het Centraal Station heeft geparkeerd. Later zou ik Coen voor mijn televisiewerk ontmoeten. Hij woonde met zijn vrouw aan de Maasboulevard. Ik ben bij hem thuis geweest. Coen met zijn slingerende heup, met een kopje ouderwetse koffie in zijn hand op weg naar mijn stoel. Een en al bescheidenheid. Al was Coen in De Kuip altijd pittig in zijn mening over Feyenoord. Zie hem nog in de gang naar de Braziliaan Leonardo lopen: 'Leo, je weet dat ik een fan van je ben, hè? Meer acties maken.'

Jaren later, op 8 januari 2011, zat ik in de catacomben van het stadion met uitzicht op de kist van Coen. Mister Feyenoord was dood. Lee Towers zong in zijn gouden microfoon. Ik wilde per se op de Coolsingel staan om Coen nog een keer toe te zwaaien. Snel de tram gepakt. Het lukte. Een plek tegenover het stadhuis. Stond ik toevallig naast Ron Fresen, tegenwoordig voor de NOS bijna dagelijks in beeld voor het laatste nieuws uit de Haagse politiek. Ik kende hem nog uit mijn studententijd. Ook een Feyenoord-supporter.

Vóór Feyenoord zijn schept een band. Altijd en overal.

In mijn tijd dat ik bij dagblad *Het Vrije Volk* werkte, at ik vaak tussen het tikken door een noedelsoep bij de nachtchinees op de Witte de Withstraat. Alleen aan tafeltje lepelde ik de sliertjes naar binnen. Voor me zat iemand aan het volgende tafeltje met zijn rug naar me toe. Hij had een brede, zwarte nek. Ik kende die nek. Ulrich van Gobbel. Ook alleen bij de chinees. Aan de bewegingen in zijn nek zag ik dat hij lekker zat te kauwen. Niets gezegd. Vertrokken, maar toch, nooit vergeten: met Uli in de nachtchinees.

Ik heb daar nog eens met een Feyenoorder gezeten. Met Pierre van Hooijdonk, in het gezelschap van een paar Brabantse vrienden. Het was na een tv-uitzending op de Wilhelminapier. Met Pierre praatte ik wél. Over vrije trappen, over Feyenoord. Ging Pierre niet te laat slapen? Geen zorg. In het weekend vloog de bal weer in de kruising.

In de tijd dat ik in het Oude Noorden woonde, waren het alleen maar verhalen over vroeger. Toen ik verhuisde naar de Kop van Zuid werd het anders.

Ik bleek in een nieuwbouwgebied te wonen waar Feyenoord veel van zijn spelers een appartement bezorgde. Pablo Sánchez, Patricio Graff, Leonardo 2, Picún. Geen echte hoogvliegers. Later kwamen Shinji Ono, Julio Cruz en Vlaar in de buurt wonen. Het betere werk.

Tussen het appartementencomplex van Ono en het mijne was een veldje. Ono liet er graag zijn jack russell uit. Het hondje heette Chocolat, waarschijnlijk omdat zijn huid twee kleuren bruin had. Het was een pittig beestje. Ik stond een keer op het veld met mijn zoontje. Hij vond het hondje leuk en liep erop af. Chocolat begon te brommen en liet het wit van zijn ogen zien. Daar was zijn baas niet van gediend. Regels zijn regels in Japan. Ono pakte de bek van Chocolat, kneep zijn kaken op elkaar en beet toen hard in zijn neus. Het hondje liep jankend weg. Ono knikte vriendelijk. Zaak opgelost.

Als ik mijn auto parkeerde in de inpandige garage, kon ik door een hek de tennisbanen zien die bij het wooncomplex hoorden. Op een dag zag ik Julio Cruz een balletje slaan. Ik heb onmiddellijk mijn eenvoudige videocamera van huis gehaald en heb de tennissende Argentijnse spits stiekem opgenomen. Het is heel kinderachtig, een volwassen man die een spits van zijn favoriete club filmt. Maar ik kan er geen weerstand tegen bieden.

Ik herinner me het verhaal van coach Leo Beenhakker dat Julio Cruz op het trainingsveld ongelooflijke doelpunten liet zien. Uit stand van buiten het strafschopgebied haarzuiver in de kruising. Het zijn niet altijd wedstrijdbeelden die me bijblijven. Ik heb ooit langs het trainingsveld staan kijken naar passes die Ono verstuurde. Voor de lol. Na een training. De precisie, het zoevende geluid waarmee de bal van het gras vertrok. Ik had dan wat aan te merken op zijn hondje Chocolat, maar op zijn traptechniek? Nee, die was superbe.

Leonardo 2 woonde ook bij me in de buurt. We keken op zijn dakterras uit. Ik zeg 'we' omdat mijn vrouw nogal gecharmeerd was van de voetballer. Dat had te maken met een zomerse namiddag. Leonardo liep over zijn terras, met alleen maar een voetbalbroekje aan. Hij had een sixpack en trommelde op een plat Braziliaans trommeltje waarmee hij zichzelf aan het dansen bracht. Mijn vrouw kon er geen genoeg van krijgen. Ik was blij dat die charmeur een transfer kreeg.

In 1999 maakte ik het kampioenschap van dichtbij mee. Ik mocht met mijn theaterkompaan Martin van Waardenberg optreden bij Kaat Mossel, het restaurant waar Feyenoord 1 een feestje ging bouwen. We reden keeperstrainer Pim Doesburg klem met een lesauto en deden onze beruchte spuugscène. Julio Cruz kon het niet geloven. Iemand een doodschop verkopen in het veld, prima. Maar elkaar voor de lol bespugen? De Argentijn kon het niet aanzien.

Voor VPRO's *Sportpaleis De Jong* gebruikten we de oude kleedkamer om opnames te maken voor het onderdeel 'De Massagetafel'. Natuurlijk lagen er ook Feyenoord-spelers op. Zoals Reinier 'Beertje' Kreijermaat, die vertelde dat je het breken van zijn been tijdens een wedstrijd tot op de tweede ring kon horen.

In die opnameperiode sloeg een supporter van de club op een namiddag met zijn vuist een paar deuken in mijn auto. Waarom? Omdat ik op het parkeerterrein van De Kuip weigerde om met zijn hooliganpetje op gefotografeerd te worden. Ook dat is Feyenoord. Soms slaan de stoppen door, binnen of buiten het veld.

De laatste jaren ontmoet ik minder spelers in de stad. Al herinner ik me nog hoe Stefan de Vrij tijdens de Rotterdamse première van *De Marathon* met Martin van Waardenberg en mij op de foto wilde. Hij bleek onze theatershows deels uit zijn hoofd te kennen. De Vrij kon er beter tegen dan Cruz.

En ik zie ook nog Giovanni van Bronckhorst staan op de receptie in De Kuip voor de verjaardag van mijn held Willem van Hanegem. De huidige coach hoef je niet uit te leggen wat Feyenoord is: Giovanni is weer terug op het nest.

Met een Fox-abonnement zit ik boven op de wedstrijd, al is in het stadion zijn altijd van een andere orde. Ik heb nog gras losgetrokken van de middenstip toen Feyenoord tegen Haarlem kampioen werd. Ik heb als jongen de regenachtige avondwedstrijd tegen Vorwärts Berlin gezien, met een ongrijpbare Moulijn. Bij het kampioensfeest in 1999 stond ik in de Burgerzaal van het stadhuis. En buiten rinkeltinkelden 's avonds de ruiten.

Ik moet bekennen dat Feyenoord een constante is in mijn leven. Ieder weekend bepaalt de uitslag van Feyenoord mijn humeur.

De liefde voor de club voelt nog altijd aan als een bloedband en – heel soms – als een virus.

De meter slaat voortdurend uit. Van links naar rechts: ik haat de fans als ze zich misdragen in mijn lievelingsstad Rome, ik hou van ze als ze hun elftal toezingen als er verloren is in De Kuip.

Feyenoord, om gek van te worden.

Het is als een verslaving. Je wilt ervan af, maar aan de andere kant: het voelt zo lekker om je hele leven voor dezelfde club te zijn. Trouw aan Feyenoord, al gaat het nog zo beroerd.

Er is geen keus.

De flow van Epke

Na afloop van het winnen van de wereldtitel kwam Epke Zonderland met het verhaal dat hij pas aan het einde van zijn oefening 'een beetje wakker werd'.

Een minuutje slapen aan de rekstok.

Terwijl de concurrenten op zijn van de zenuwen, is Epke in een gemoedstoestand beland die unieker is dan al zijn ingewikkelde vluchtcombinaties achter elkaar.

Epke kruipt in zichzelf, doet het leeslampje naast zijn hersenen uit en sluit de ogen. Zo vanzelf lijkt het te gaan aan de rekstok. Hij noemt het 'flow', maar is hij er zelf wel bij?

Het is bijna griezelig om te beseffen in welke staat Zonderland moet verkeren tijdens zo'n moeilijke oefening. In sluimertoestand draait de turner om zijn as, suist op hoge snelheid de lucht en tolt als een schroef in het rond.

Of het niets is.

Je moet er niet aan denken dat een treinmachinist of een piloot zo dromerig is tijdens het werk. Maar een slapende Epke aan de rekstok is een weldadig idee. Je weet: het komt allemaal op zijn pootjes terecht.

Epke Zonderland bulkt van het zelfvertrouwen. Kijk naar die minzame oogopslag, de vastberaden omhooggestoken rechterarm vlak voor de oefening, de lach als hij na afloop zijn score afwacht.

Twijfel is uitgebannen.

De turner uit Lemmer is een jongen zonder angst. Eerder durfde hij openlijk commentaar te geven op juryleden die onder de indruk leken van het gastland en Chinese turners hier en daar een extra puntje toekenden.

Klaarwakker ging Epke in China het gevecht aan tegen het ondoorzichtige machtsblok van de turnsport. Hij zei hardop de jurering 'schokkend' te vinden en meldde dat hij een superoefening moest neerzetten zodat zelfs het mogelijke 'gesjoemel' niks zou uitmaken.

Het was lef tonen in een behoudend land waar openlijke kritiek je duur kan komen te staan. Hoe klein ook, de aanklacht van Epke was een politieke daad. Je zou willen dat voetballers zo durven te reageren op de corrupte FIFA.

Epke kreeg op het ereschavot de gouden medaille omgehangen. Het volkslied van zijn kleine pokkenlandje klonk. Epke genoot zichtbaar. Huilen deed hij niet. Dat deed me deugd. Niet dat sentimentele gesnotter. Gewoon naar de vlag staren en alweer nadenken hoe het nog beter kan.

Nuchterheid, werklust en intelligentie gaan hand in hand bij Epke. Als in een hoge vlucht is hij buiten bereik geraakt van iedere andere turner. Zijn lichaam en geest zijn van de buitencategorie.

Dan mag je slapen aan de rekstok.

En gelukzalig dromen in je bed.

Van Gaal en Mourinho

Van Gaal op zijn aardigst. Mourinho zo zacht als was. Ik verheugde me al dagen op de ontmoeting tussen de twee meest uitgesproken coaches van de Premier League.

Manchester United tegen Chelsea was niet alleen een topduel tussen Engelse voetbalgrootmachten, maar toch ook een weerzien van twee voetbalvrienden. De tortelduiven zijn aan elkaar verslingerd sinds Mourinho in 1997 in Barcelona als assistent-coach samenwerkte met Van Gaal.

'I have a relation with every people I meet,' zei Louis van Gaal vooraf in zijn eigen Engels, in een poging zijn verhouding met Mourinho van romantiek te ontdoen. Het lukte nauwelijks. De coach van Chelsea had de kussens van het liefdesnest net ervoor flink opgeschud.

Mourinho: 'In die Barcelona-tijd zijn mijn twee kinderen geboren.'

Van Gaal: 'José kwam bij mij thuis over de vloer.'

Na de afzonderlijke interviews waren we getuige van hun ontmoeting. De voetbalcoaches veranderden in weke mannen. Een lange omhelzing, kloppen op de schouders, glazige blikken, waterige ogen, weer een omhelzing.

Eenmaal op het veld deed Mourinho de ontmoeting nog een keer over voor het publiek op Old Trafford. Iedereen mocht het liefdeskoppel zien knuffelen.

De twee mannen moesten het ruim 90 minuten zonder elkaar stellen. Van Gaal zat op zijn rode stoel. Hij was weer op-en-top coach en schreef al na een minuut iets in zijn onafscheidelijke map. Af en toe fluisterde hij in het oor van zijn assistent Ryan Giggs. Mourinho stond veelvuldig langs de kant, met zijn handen in de zakken. Vissers kunnen precies zo staan, naast hun hengel. En maar turen naar de dobber.

Man United speelde alsof het slagen van het seizoen ervan afhing. Van Persie was onrustig, Di María niet secuur. Chelsea was uitgekookter, met een ondoordringbare verdediging en een risico nemende aanvaller als Hazard.

Wat zou ik graag een wedstrijd lang in een van de broekzakken van Mourinho zitten. Wat doen zijn vingers? Knijpen ze in de voering, rollen ze een stukje papier tot een balletje? Of meet Mourinho de spanning af aan de hitte rond zijn kloten?

In de laatste seconden scoorde Robin van Persie de gelijkmaker: 1-1. De handen van Mourinho bleven in zijn broekzakken. Getergd draaide hij zich van het veld af en deed een paar trage passen richting het publiek.

Verderop kwam Van Gaal overeind, met na een doelpunt altijd weer dat blije gezicht van een klein kind.

Het was afgelopen. Wat deden de mannen?

Mourinho nam het initiatief. Hij liep een paar treden omhoog om Van Gaal gedag te zeggen. Een hand, een kleine *hug* en tot slot een lief bedoeld klapje op de wang.

Weg was José, weg was Van Gaal.

Uren na het afscheid zaten ze nog steeds in elkaars hoofd.

Weegschaal

Ireen Wüst schaatste in een persoonlijk duel tegen landgenote Marrit Leenstra driehonderdste sneller op de 1500 meter. Het moest uit haar tenen komen. 'Fijn als je aan de goede kant van de streep staat,' vertelde Wüst na afloop.

Afgelopen weekend werd de wereldbekerwedstrijd verreden in Berlijn. Wüst koos de van historie zwangere stad als decor om zich na afloop van de schaatswedstrijd uit te laten over sport en politiek.

Wüst had al vernomen dat trainer Jan van Veen vrijdag had gezegd niet naar het EK in Rusland af te reizen. Marrit Leenstra zei: 'Ik vind het moeilijk. Rusland is niet het meest sympathieke land en heeft niet de meest sympathieke president.'

Er werd ook een mening verwacht van 'de koningin van Sotsji'. Wüst begreep het. Zoals ze zich ook vast weer even herinnerde hoe Poetin haar bij een bezoek aan het Hollandse Huis in Sotsji feliciteerde met een onverwachte en onhandige omhelzing.

In een paar minuten durend interview toonde Wüst langs de ijsbaan van Berlijn haar twijfel. De mening van de nietsontziende topsporter nam het op tegen Ireen Wüst die de vliegtuigramp in Oekraïne nog vers in het geheugen had zitten.

Ze kwam er niet uit.

De weegschaal van Wüst stond geen seconde stil.

'Het is een lastige kwestie. Mijn gevoel heeft er moeite mee om te gaan, maar mijn sporthart kan er niks aan doen dat het EK in Rusland wordt gehouden.'

De houding van Wüst cum suis is anders dan die van Sven Kramer voor de Spelen van Sotsji. Hij vertelde destijds dat hij naar de Spelen kwam om te schaatsen en niet om actie te voeren, al voegde hij er wel aan toe niet content te zijn met de politieke situatie in Rusland.

Een boycot van het EK schaatsen in Rusland zou sporten in het buitenland in een nieuw perspectief plaatsen. Waar ligt de ethische grens voor de Nederlandse topsporter? Doe je als voetballer mee aan een discutabel en corrupt georganiseerd WK? Wil je naar Amerika als de politie daar op straat zo snel en dodelijk met scherp schiet en vrijuit gaat?

Twijfel is het beste antwoord op dergelijke vragen.

Twijfel scherpt de geest.

Gisteren hoorde ik Camiel Eurlings zelfverzekerd spreken. Als enig Nederlands lid was hij in Monaco om zijn IOC ('een echte wereldbeweging') van binnenuit te veranderen.

Over besmette landen waar de Spelen worden gehouden, zei hij: 'We gaan de mensenrechten nog veel steviger neerzetten en ook de rechten van homoseksuelen gaan we heel streng neerschrijven.'

Neerzetten en neerschrijven.

Ach, de bedoelingen van Eurlings leken niet slecht. En toch had ik meer vertrouwen in de twijfelende sporter dan in de vastberaden bestuurder.

Steenmarter

Je ziet hem niet vaak in het openbaar. Hij houdt zich liever schuil. Het is geen mensenvriend. Hij bijt als het moet. Tijdens de wedstrijd Heracles-PSV verscheen plotseling een steenmarter op het veld. De scheidsrechter blies op zijn fluit. Het beest holde op hoge snelheid over het veld met zijn korte poten, vaalgrijze vacht en witte bef.

In het stadion van Almelo ligt kunstgras. Er is veel kritiek op die ondergrond voor een partijtje voetbal. De bal stuit hoger op en vallen is een pijnlijke zaak. De steenmarter kon prima uit de voeten op deze ondergrond. Kunstgras was niet zijn probleem, wel het vinden van een uitgang.

Terwijl het publiek joelde, holde het beest heen en weer langs de reclameborden. Uiteindelijk vond hij een gaatje achter een televisiecameraman en verdween uit beeld.

Het was zielig en opwindend tegelijk, een steenmarter op kunstgras.

Ik dacht aan het hoofdveld van mijn vroegere amateurclub. Hoe het er geschonden bij kon liggen als mollen in de nacht hun gaten en gangen hadden gegraven. Bij het zien van de bergjes aarde werd je met je neus op de feiten gedrukt. Het grasveld was niet alleen voor sport bestemd.

De steenmarter van Almelo verscheen rond de achttiende minuut op het veld. De wedstrijd was tot dan toe weinig opwindend. PSV speelde in een traag tempo en Heracles was te gehaast. De steenmarter werd het hoogtepunt in de eerste helft.

Iedereen piekerde zich suf. Wat was dit voor dier?

Een fret, een bunzing, een hermelijn?

De kennis van voetbal en voetballers is groter rond het veld. Iedereen herkent Memphis Depay van grote afstand. De flitsende passeerbewegingen, versnellingen en traptechniek van de PSV-aanvaller zitten in het geheugen gegrift.

Anderhalf uur in de buitenlucht zitten en voetballers met elkaar zien spelen is een genot. Duizenden mensen in Almelo prefereerden het kijken naar de wedstrijd boven een zondagse wandeling in de natuur.

PSV moest wennen aan het kunstgras van Almelo. Het kwam achter en rechtte pas laat de rug: 1-2. Het winnende doelpunt deed coach Phillip Cocu hoog opspringen. Hij was euforisch terwijl het een foeilelijke frommelgoal was. Het ging hem kennelijk om de drie punten, niet om schoonheid van het spel.

Ik kon Cocu begrijpen.

Maar het kijken naar het uitgerekte, atletische lijf van de steenmarter van Almelo was een sensatie. Hoe hij zijn voorpoten bij iedere sprong zo netjes naast elkaar zette. Hoe hij de achterpoten steeds razendsnel meetrok. En dan zijn laaghangende staart, die als een zwarte plumeau de kruimels van het kunstgras sloeg.

Voetballers observeren is plezierig, zelfs op kunstgras.

Maar een sierlijk rennend dier wint het van alles en iedereen.

De bril van Barney

In metrostation Oxford Circus dansten de letters op de borden. Hij schrok zich rot. Knijpen met de ogen hielp niet. In paniek tikte hij zijn vrouw aan en vertelde haar dat hij de woorden niet meer kon lezen.

Darter Raymond van Barneveld had vorig jaar al af en toe met een bril gespeeld tijdens toernooien. Moest hij in de belangrijkste week van het WK in Londen de fok weer op zijn neus zetten? 'Nee,' had Barney tegen zichzelf gezegd, 'daar ben je te ijdel voor.'

Dat besluit kwam hem bijna duur te staan in de kwartfinale tegen Stephen Bunting. Van Barneveld gooide zijn pijlen niet lekker naar het bord. Terwijl duizenden fans achter hem schreeuwden, dacht hij: 'Ray, je wordt ouder.'

Van Barneveld liep tussen het gooien door naar een tafeltje en stond opeens met een bril op. Een sober montuur. Als Barney een net pak had aangetrokken (en zijn buik ingehouden), zou je zweren dat journaallezer Rob Trip met drie darts in zijn handen stond.

'Focus, focus, focus. Ik zag opeens veel beter.'

Van Barneveld won de wedstrijd. Het verhaal leek zo mooi te worden: Barney wint WK.

De magie van twee brillenglazen en drie pijltjes.

De tegenstander in de halve finale was rivaal Phil Taylor. Veelvuldig wereldkampioen, een briljant darter met de eigenschappen van een straatvechter.

Taylor zou raar opkijken. Barney met bril, een darter met een nieuw gezicht. Belezen, scherpzinnig en scherpziend. Barney ging de drinkebroeders in de zaal verbazen met een uitgesproken citaat van dichter Dylan Thomas, uit zijn ode aan Brits bier:

I liked the taste of beer,
its live white lather,
its brass-bright depths,
the sudden world through the wet brown walls of
the glass,
the tilted rush to the lips and the slow
swallowing down to the lapping belly,
the salt on the tongue,
the foam at the corners.

Om daarna, tok-tok-tok, drie triples in de 20 te gooien.

Maar nee.

Taylor maakte gehakt van Barney.

De bril kon in de koker, de pijlen konden in de doos. Met fletse ogen en bloeddoorlopen konen stond Raymond van Barneveld voor de televisiecamera. Hij was weer die gewone Hagenaar die door zijn fenomenale darten nooit meer als postbode over straat hoefde.

Van Barneveld: 'Ik ben ziek, niet 100 procent fit. Het kost me zoveel kracht, zoveel energie. Ik draag niet voor niets een bril; ik ben over- en oververmoeid.'

Op zijn borst stond een reclame voor FEBO. Dat gunde ik Barney: een beste kroket. En een glas bier. Het schuim rond de mondhoeken. Dan mocht hij daarna in bed gaan liggen en met gesloten ogen gaan genieten van een diepe slaap.

Terreurtoernooi

De rondjes van Sven Kramer op de schaatsbaan van Tsjeljabinsk vielen in het niet bij de lange, rechte lijn die honderdduizenden mensen in het centrum van Parijs moesten lopen.

Het snelle schaatsen in Rusland was ongetwijfeld vermoeiender dan het voetje voor voetje van Place de la République naar Nation. Maar dat deed er niet toe. Sport was dit weekend met recht 'bijzaak in het leven'.

Vlak voor het EK allround had Sven nog opgemerkt dat er politiemannen met honden in zijn hotel verschenen, vanwege de terreurdreiging in de wereld. Het haalde hem – hoe begrijpelijk Sven de actie ook vond – toch uit zijn concentratie.

Sportief gezien was het toernooi interessant omdat er nadrukkelijk aan de stoelpoten werd gezaagd van de zo onaantastbaar lijkende kampioen. Kramer bleek niet in vorm. Hij moest tot het uiterste gaan om de op drift geraakte Koen Verweij te verslaan.

Het was Kramers zevende kampioenschap als allrounder en daarmee ging hij recordhouder Rintje Ritsma voorbij.

Na afloop van zijn zevende titel bleek dat de gebeurtenissen in Frankrijk een schaduw hadden geworpen over het toernooi van Kramer. Op het ijs was hij bescheiden in het vieren van de winst. Hij had geen zin een naïeve, uitbundige sporter te zijn terwijl iedereen in de wereld de ogen en oren richtte op Parijs.

Kramer: 'Je moet je werk doen, natuurlijk, maar hier kun je emotioneel niet van weglopen.'

De verslaggever: 'Dat hoor je niet vaak, van iemand die net kampioen is geworden.'

Kramer: 'Het is actueel. Ik voel me hier niet geroepen om als carnavaller door het stadion te rennen.'

Kramer gaat zich dit Russische toernooi herinneren als het 'toernooi van Charlie'.

Als Sven grijs is, zullen ze hem vragen waar hij destijds was tijdens de gijzelingen in Parijs van 2015.

De oude Sven: 'In Tsjeljabinsk.'

Kramer besefte dat dit toernooi (met volle tribunes, dat wel) een afwijkend toernooi was: hij bleek niet in vorm én de wereld had iets anders aan het hoofd dan schaatsen.

Sport als bijzaak.

Na het toernooi was het tijd voor muziek, vond ik. Ook zo'n belangrijke bijzaak in het leven.

Mijn vingers hielden halt bij een oude elpee van jazzpianist Martial Solal. Solal is geboren in Algerije, net als een van de terroristen. Solal is nu al zevenentachtig, de terrorist is dood.

Solal trok na de Tweede Wereldoorlog naar Parijs en vormde daar zijn eigen trio. Solal woont nog altijd in de Franse hoofdstad. Waar zou hij gisteren rondgehangen hebben?

Ik zette het nummer 'Very fatigué' op en liet me meenemen door Solals vrije pianosolo. Zwarte toetsen, witte toetsen. Het klonk lekker. Ik kreeg zin, al wist ik niet helemaal goed in wat.

Misschien wel in sport.

Matchfixing

'We zeggen al een kwartier niets en kijken naar het konijn. In de keuken roert iemand in een pannetje.'

Dit waren de eerste regels van mijn verhaal voor het literaire voetbaltijdschrift *Hard Gras*. Het was 1999. We, dat zijn de Feyenoord-spelers Bonaventure Kalou, Alysae Sesay, Ibrahim Kargbo en ik. Het konijn is Roger Rabbit en in de keuken kookt een Ivoriaanse vrouw, Constance.

Onlangs was Kargbo groot nieuws. *De Volkskrant* ging zijn gangen na. De speler uit Sierra Leone zou betrokken zijn geweest bij matchfixing tijdens twee Nederlandse duels. Smeergeld aannemen en dan beloven dat je je club laat verliezen.

Dus ik heb in huize Kalou een hele avond met een jeugdvoetballer voor de tv gezeten die later bij Willem II de boel fleste?

Kargbo speelt nu in Portugal. Nog altijd het gemillimeterde haar op een granieten hoofd. De onderzoeksjournalisten confronteerden de voetballer uit Sierra Leone met de naam van een matchfixer die hem zei te kennen. 'Kargbo's ogen worden vochtig. Zijn handen trillen als hij zijn cappuccino optilt.'

Al jaren wordt Kargbo verdacht van medeplichtigheid aan matchfixing. Dit nieuws lijkt de genadeklap voor zijn loopbaan.

Ik graaf in het verleden. Zat het kwaad al in de zeventienjarige Kargbo toen we samen op de bank naar de film *Who framed Roger Rabbit* keken?

Die avond had Kargbo last van een knieblessure. Hij rommelde met een pannetje heet water en een icepack. Kargbo strompelde met een natte, witte theedoek om zijn blote knie door de etage.

Wat me opviel was de zachte omgangsvorm van de drie Afrikanen. Ze hingen tegen elkaar aan, streken door elkaars haar. Kargbo en Sesay (ook uit Sierra Leone) waren veel bij de oudere Kalou. Ze bleven er soms slapen.

Natuurlijk, ze waren in Europa voor het voetbal. Maar vooral om geld te verdienen. Voor zichzelf en de familie. Ik ging met Kalou mee naar het grenswisselkantoor om hem te helpen met het overmaken van geld: 1500 gulden naar zijn vader in Ivoorkust, 400 voor zijn nichtje in Parijs.

Het tafereel ontroerde me destijds, maar misschien was ik naïef.

In 2008 won Kargbo de Football for Peace Award. Hij geeft geld aan goede doelen, zoals een huis voor oorlogswezen in het zo zwaar getroffen Sierra Leone. Zwart geld aannemen van matchfixers en ondertussen weldoener zijn voor je geboorteland.

Er zitten twee Kargbo's in één lichaam.

Het voetbal is doordrenkt van commercie en financieel gewin. Sommige spelers kijken liever naar hun bankrekening dan naar het rijke archief van hun club. Daar weten matchfixers wel raad mee.

Ik zie de jonge Ibrahim op de bank zitten, Afrikaanse 'yam' dopend in een sausje. En maar lachen om dat rare konijn.

Kargbo is schuldige en slachtoffer tegelijk.

Sporen in vette modder

Met grote passen door de modder. Weer op weg naar de steile treden op het parcours van Tábor. Daar ging Mathieu van der Poel; tijdens het rennen tilde hij zijn fiets op en stak zijn arm door het frame.

De fiets en de renner als liefdespaar.

Zo geef je je meisje een arm.

Het frame mocht even uitrusten op de schouder van Mathieu. Hij legde de dikste buis aan zijn oor en luisterde naar het geluid vanbinnen. Zo droeg hij zijn fiets over de hoge drempels van de Tsjechische heuvel. Krachtig en gracieus.

Met zwarte sproeten in het bleke gezicht kwam Mathieu aan bij de finish. Als twintigjarige werd hij de jongste wereldkampioen veldrijden ooit. In de laatste meters kneep hij de ogen toe, als was het om er tranen uit te persen. Ze verschenen niet. Mathieu heeft nog te weinig verloren in de sport en het leven om te snikken bij winst.

Wat een onbedorven jongenshoofd zag ik verschijnen na het washandje.

Tijdens het Wilhelmus moet Mathieu aan vader Adrie gedacht hebben. De tanigste aller wielrenners behaalde in het veld decennia eerder vier keer WK-zilver voordat het uiteindelijk wel een keer lukte. Zoonlief deed het in één keer goed.

Adrie stond een eind verderop. Hij was niet bij het

feestvieren op en rond het erepodium. Adrie was nog aan het werk bij de vrachtwagen. Spullen en fietsen inladen.

Tijdens de wedstrijd had hij zich als coach geconcentreerd op het schoonmaken en afstellen van de fietsen van zijn zoon. Tien keer passeerde Mathieu zijn vader. Tien keer zag Adrie dat het goed ging. Wat moest hij nog naar hem roepen? Zijn zoon reed alleen op kop. Zijn Mathieu werd verdomme wereldkampioen.

Minuten na de huldiging werd vader Adrie gevonden. Hij hoorde van de fles champagne voor zijn zoon. Een slokje? Op het uitgebeende gezicht van Adrie verscheen een grijns: 'Als ik met de vrachtwagen ben, drink ik niet.'

Soberheid, dat is wat vader en zoon Van der Poel zo siert. Adrie vertelde dat Mathieu al vanaf zijn vierde jaar fietst. Zijn zoon is net als hij verliefd op het vak van wielrenner. Adrie: 'Voor Mathieu is het hier een speeltuin.'

Het parcours van Tábor lag er na het kampioenschap verlaten bij. Het werd al donker. Diepe sporen in de vette modder als herinnering aan de wedstrijd. Als je ze zou volgen, kwam er geen einde aan. Het zei me iets over de manische trainingsarbeid van een veldrijder.

Iedere dag opnieuw kilometers rijden op onverharde paden. Laat dat werk maar over aan vader Adrie en zoon Mathieu.

Nooit klaar met hun geliefde fiets.

Rook uit Max' bolide

Slaapdronken zat ik op de bank naar mijn laptop te staren. Door het tijdsverschil met Australië was ik om tien voor zes 's ochtends uit bed gestapt om de Formule 1 te kunnen zien. De zeventienjarige Max Verstappen ging zich als 'jongste coureur aller tijden' meten met de grote mannen.

Ik keek door het raam. Het was stil in de wijk. Mijn oude Benz stond voor de deur. Het dak was ondergescheten door een vogel. Witte plakkaten op oranje lak. Mijn handen jeukten om het schoon te maken. Maar in Melbourne stonden de bolides klaar.

Max Verstappen had de twaalfde startpositie bemachtigd. In de zon hielden mannen in overalls de banden liefdevol warm met hoezen.

Pure autoporno.

Na de start kwam Max de eerste, gevaarlijke bocht uitstekend door. Hij reed slim en onopvallend. De camera's hadden niet veel oog voor hem. Ik staarde onder aan het beeldscherm naar de afkorting van zijn achternaam en het cijfer voor zijn positie.

In ronde 35, na een vlekkeloze bandenwissel, ging het mis. Uit de cockpit klonk nasaal het stemgeluid van Max: '*I have smoke in the car.*'

De auto stond stil in de berm, grasprieten plakten aan de zachte banden.

De volwassen topsportmentaliteit werd zichtbaar

toen Max uit de auto moest. Hij haalde doodkalm zijn stuur los, wurmde zich uit de bolide en plaatste het stuurtje terug.

Je zou zweren dat Max iedere dag zijn wagen op die plek parkeerde en het laatste stukje lekker naar huis liep.

Zonder Max boeide de race me minder. Er werd weinig strijd geleverd. Lewis Hamilton won met gemak. Hij reed zijn wagen naar binnen, stapte uit en gleed met zijn handen over de zijkant.

Hamilton was zijn auto dankbaar, zoals een ruiter zijn paard. Ik wilde mijn oude Benz op deze zondagochtend ook even vertroetelen. Het was nog te vroeg voor een ritje naar de wasstraat. Met een emmer warm water liep ik naar buiten.

Met een spons begon ik de vogelstront te verwijderen. Er kwam een vrouw langsgelopen. Ze keek hoe fanatiek ik het dak te lijf ging. Ik voelde me niet helemaal op mijn gemak, boenend op dit vroege uur.

Weer binnen hoorde ik Max vertellen hoe hij het allemaal beleefd had: 'Je vergeet dat je nerveus wordt.'

Het mankement aan de motor bleek een kapotte bougie te zijn. Dat klonk mij in de oren als een futiel probleem. Maar ik ben niet technisch; ik giet met gemak een liter olie in het reservoir voor de ruitenwisservloeistof.

Max haalde zijn schouders op. Boos worden op een bougie had geen zin. 'Formule 1 blijft een mechanische sport.'

Bal onder shirt

Guus Hiddink rekende zich na de wedstrijd tegen Turkije eventjes rijk met het behaalde gelijkspel. Hij beweerde dat we later nog eens tegen elkaar zouden zeggen: 'Weet je nog toen, die punt?'

Die punt? Taalfoutje. Niet erg. Maak ik ook weleens.

Toch tekende de verspreking van de intelligente bondscoach de onrust die al maanden in zijn hoofd moet huizen. Goed, op de trainingen oogt Hiddink ontspannen, maar hij heeft het Nederlands elftal nog altijd niet in de goede richting weten te duwen.

Wesley Sneijder beweerde na afloop dat Nederland 'dominant' was geweest. Het is kennelijk moeilijk een wedstrijd te beoordelen als je zelf meespeelt. Nederland was meer aan de bal dan Turkije, maar dat is iets anders dan dominant spelen.

Het woord balbezit staat me tegen. Letterlijk: de bal bezitten. Daar is geen plezier in te ontdekken. Net zo als geld bezitten. Ook saai. Geef het uit, zou ik zeggen.

Een bal is om mee te spelen, wie de eigenaar is doet er minder toe.

Het plezier in het veld was ver te zoeken. Oud-bondscoach Bert van Marwijk zuchtte een paar keer diep in de televisiestudio; hij miste verrassing, opportunisme. Ik was het met hem eens.

Jaloers keek ik naar de uitvallen van de Turken. Kijk naar Gökhan Töre: hij neemt een bal aan en laat zich door zijn innerlijk kompas naar het vijandelijke doel leiden.

Zonder omwegen, op naar het doel.

Het was tekenend dat Sneijder na zijn doelpunt eerder dacht aan zijn zwangere vrouw dan aan kwalificatie. Hij vroeg aan de zijlijn om een bal, deed die onder zijn shirt en stak een duim in zijn mond. Het was een meesterlijke afleidingstruc; Nederland raakte na afloop in de ban van een zwangere vrouw en haar voetballende man.

De fans vierden de vruchtbaarheid van de Sneijdertjes terwijl ze eigenlijk moesten rouwen om een potje zaaddodend voetbal.

Ik zag de reactie van Hiddink op het doelpunt van Sneijder. Hij liep het veld op en balde zijn vuist. De bondscoach sloeg er agressief mee in de lucht. Dit was geen juichen, dit was het wegrammen van frustratie.

Hiddink meldde naderhand dat 'we niet de top van Europa zijn'. Dat klonk eufemistisch, en realistisch. En het klonk weinig hoopvol.

Voor de bondscoach, voor het team, voor Nederland.

Spoorwegovergang

De machinisten van een TGV moeten op die ene zondag in april dan maar remmen als ze wielrenners op het spoor zien. Een nieuwe verkeersregel tijdens Parijs-Roubaix: de fiets heeft voorrang op de trein.

De wielrenners zijn in de oerklassieker teruggeworpen in de tijd. Ze moeten een wedstrijd rijden in een wereldvreemd decor. Kijk naar hun gezichten. Ze lijken op vergeten mijnwerkers die met stof en gruis in de ogen op zoek moeten naar daglicht.

Kijk naar het landschap. In leeg zelfmoordgebied liggen versteende dorpen waar op het plein een soldaat op een sokkel over de oorlog peinst. En dan die kasseistroken; paden waar een beslagen werkpaard nog voor terugdeinst. Parijs-Roubaix is een wielerwedstrijd uit een vervlogen eeuw.

De TGV stopt niet in het dorpje Orchies, niet in het werkloze Arenberg. Zo'n snelle trein is een anachronisme tijdens Parijs-Roubaix. Als een stanleymes snijdt de hypermoderne neus de akkers in tweeën.

Het peloton reed in volle vaart af op een spoorwegovergang. De eerste renners zagen knipperende rode lampen. Remmen? Nee, de drift om te winnen overwon de angst om door een trein geplet te worden. De eerste coureurs wipten over de rails. De slagbomen daalden. Een paar renners bukten en konden er nog net onderdoor. De anderen volgden, in slalom om de slagbomen heen. Politiemannen op motoren en publiek begonnen in paniek te zwaaien. De trein, daar komt de trein.

De hele dag loopt een renner gevaar. Om hard te vallen, om tegen toeschouwers aan te knallen. Dan kennelijk ook maar risico nemen bij een spoorwegovergang.

Nog meer renners waagden het erop, totdat een politieman de oversteek met harde hand verbood. Binnen zes tellen raasde de TGV voorbij. Er stond een Frans bord in de berm: WACHT, ER KAN NOG EEN TREIN KOMEN.

De wedstrijd werd geneutraliseerd tot het peloton weer aan elkaar was geplakt. De renners namen een slok en een hap en waren het gevaar alweer vergeten. Ze wilden vooruit, naar het velodroom van Roubaix, niet omkijken naar de spoorwegovergang.

Noem ze gek. Maar wij willen die gekken zien, zes uur lang, met hun dunne bandjes over kasseien, met een gemiddelde snelheid van 43 kilometer per uur. Vanuit de lucht zag ik hoe renners zelf treintjes vormden. Als aan elkaar gehaakte wagonnetjes kachelden ze door het stof naar Roubaix. Eenmaal over de finish was de levensgevaarlijke manoeuvre vergeten.

Winnaar John Degenkolb zei: 'Je moet niet bang zijn om te falen.' De machinist van de TGV suisde ondertussen verder. Met dat schrikbeeld van de overstekende renners nog op zijn netvlies.

Wacht, er kan nog een wielrenner komen.

Memphis Soul Stew

De missie van Memphis Depay is volbracht: PSV is kampioen. Vermoedelijk gaat de spannendste aanvaller van de Eindhovense club zijn vleugels uitslaan. Voor Memphis staan drie vermogende buitenlandse clubs in de rij. Ik zal hem missen op de Hollandse velden.

Memphis.

Komt er ooit nog een betere naam op een PSV-shirt?

Het doet denken aan 'Memphis Soul Stew', een soulhit van King Curtis. Het nummer is opgebouwd als het koken van een gerecht. De muziekingrediënten worden een voor een in de pan gegooid; eerst de bas, dan funky drums, een kietelend orgeltje, en de sax van Curtis maakt het nummer krijsend af.

Wie naar een actie kijkt van Memphis Depay hoort en ziet dat muzikale terug. Dat sterke lijf op drift, in versnelling, ritmische bewegingen, op tempo blijven en een dodelijk schot aan het eind. Onder Memphis' slaapkamerogen steekt het wipneusje licht arrogant omhoog.

In snelheid en acceleratievermogen – excuus voor het woordgebruik, het lijkt wel een autotest – doet Memphis Depay niet onder voor Eden Hazard, de dribbelaar van Chelsea. Memphis en Hazard zijn niet de grootste jongens. Dat maakt ze enorm wendbaar. Ze kunnen sprongen maken als paarden op een schaakbord.

Ongrijpbare wezens.

In Engeland won koploper Chelsea met 1-0 van Manchester United. Doelpunt van Hazard, natuurlijk. Na de wedstrijd verschenen de statistieken. Wat bleek? United was ongeveer 70 procent van de tijd aan de bal. Chelsea-coach Mourinho lachte erom: 'Wat mij betreft heeft United 99 procent balbezit, geen enkel probleem, het gaat om de punten.'

Zo kijkt Mourinho naar voetbal.

Een elftal met Depay aan boord kan de bal met een gerust hart voor 99 procent aan de tegenstander laten. In dat ene procent laat je Memphis aanvallen. Sprint, schijnbeweging, knal, doelpunt.

Memphis is een gespierde voetballer. Hij showt het graag tijdens het shirtje wisselen na afloop van de wedstrijd. Het is een type dat zijn biceps, triceps en quadriceps wil zien groeien en glanzen in de spiegels van het krachthonk. Een klein nadeel: de spierenliefhebber wordt een beetje afgeleid door de tattoos op zijn opperhuid.

Nee, ik ben niet tegen huidversiering. Bij Memphis past het prima. DREAM CHASER staat er in krulletters op zijn mannentieten. De tepels staan stijf vooruit, nog altijd niet bekomen van de schrik van de naderende tattoonaald.

Memphis zei kort na het behaalde kampioenschap: 'Komend seizoen wacht de Champions League, daar droomt iedereen bij de club van.'

Het klonk alsof hij nog wel een seizoen bij PSV wilde blijven. Maar ik schat toch in dat de dromenjager volgend jaar in Engeland over het veld dendert.

Het is Memphis volledig gegund.

Een selfie met Federer

Het tennistoernooi van Roland Garros in Parijs is een prestigieus evenement. Roger Federer komt er al jaren. Ook al is hij niet meer zo onaantastbaar als voorheen, nog altijd zitten de tribunes vol wanneer hij zijn superbe techniek toont.

Federer won in drie sets van Alejandro Falla. Hij pakte zijn boeltje bij elkaar en wilde de baan af lopen. Tot hij een hand op zijn schouder voelde. Federer keek in de ogen van een jongen in een wit T-shirt met korte mouwen. De Zwitserse tennisser schrok.

Federer, naderhand: 'Hij zei niks.'

De jongen had misschien even netjes 'Hallo meneer Federer' moeten zeggen. Maar hij wist best dat hij niet op de baan mocht lopen. Hij moest snel handelen.

De jongen hield zijn mobieltje omhoog. Zijn arm werd een stick.

In Parijs houden miljoenen mensen hun mobieltje zo omhoog. Dan weet je: dat wordt een selfie. Met de Eiffeltoren, met een slapende clochard, met *Mona Lisa*, met het graf van Jim Morrison.

Deze jongen had Federer als object uitgekozen. Aan zijn bewegingen te zien, had hij geen kwaad in de zin. Federer zocht oogcontact met beveiligers op de baan. Ik kon niet goed zien of de selfie gelukt was. De jongen werd rap afgevoerd.

Federer sprak zijn ongenoegen uit: 'Ik ben er helemaal niet blij mee. (...) Ik denk dat hier snel iets aan gedaan moet worden. Ik spreek namens alle spelers, denk ik. Op de baan doe je je werk, daar moet je je veilig voelen.'

Een typisch geval van: wat als.

Als populair tennisser kweek je tegen wil en dank je eigen, veelkoppige monster: het anonieme publiek. Maar moet je als sporter angstig worden als een fan na de wedstrijd een selfie met je wil maken? Een selfie is in deze tijd hetzelfde als vroeger om een handtekening vragen.

In Parijs werd het incident breed uitgemeten in de pers. De woorden 'Charlie Hebdo' werden al in de mond genomen.

Wacht even.

Een mobieltje is geen kalasjnikov.

Een brutale fan is geen terrorist.

Federer wil zich veilig voelen op zijn werk. Begrijpelijk. Dat willen vogelvrije wielrenners in de Ronde van Italië ook. En marathonlopers in Boston al helemaal. Maar die ouderwetse veiligheid bestaat niet meer.

Een tennisbal in je handen hebben en moeten serveren tijdens matchpoint terwijl het publiek de adem inhoudt. Dat is doodeng. Maar een goede topsporter verdrijft dat duiveltje uit zijn hoofd en slaat juist op dat moment een bevrijdende ace.

Je eigen angst verslaan, daar draait het om. En niet alleen in sport.

Zwarte Parel

De president van Portugal wilde zijn voetballegende niet kwijt: 'Tot altijd, Eusébio!' was zijn dubbelzinnige afscheidsgroet.

Sluit de ogen.

Denk aan voetbalvelden met graspollen en houten doelpalen, met ballen van leer en cornervlaggen van katoen, shirts zonder reclame. Denk aan Eusébio, de man uit Mozambique, hondstrouw aan zijn club Benfica. En denk vooral aan zijn rechterbeen.

Het rechterbeen van Eusébio. Wat wil een voetballer nog meer?

De Zwarte Parel – kom nog maar eens om zo'n bijnaam tegenwoordig – is dood. Drie dagen rouw zijn afgekondigd in Portugal.

Ik wil Eusébio ook nog niet kwijt.

In mijn jeugd ben ik hem vast een paar keer geweest, op het trapveldje. Dode helden markeren de tijd. Zij die de Portugese aanvaller nog zagen voetballen weten: we worden oud.

Nog steeds de ogen dicht?

Zijn rode shirt is donkergrijs op de zwart-witbeelden. Eusébio is aan de bal. Hij begint aan een rush op het middenveld. De bal blijft dicht bij zijn rechtervoet. Hij geeft kleine tikjes. Op volle snelheid. Een schijnbeweging, twee tegenstanders stinken erin.

Eusébio schiet, loepzuiver. Zijn zoveelste doelpunt.

Hij had niet het atletisch vermogen van Pelé. Althans, Eusébio oogde niet zo snel als hij in werkelijkheid was. Hij liep een beetje voorover. Kluiten schoten onder zijn zolen vandaan. Allemaal schijn. Je had een schopper nodig als de tandeloze Nobby Stiles om hem af te stoppen.

Waar Cruijff bij een solo zweefde, bleef Eusébio op aarde.

Zijn traptechniek was fenomenaal. De bal op de juiste plek raken, ook als hij op hoge snelheid sprintte. Bij het terugzien van zoveel doelpunten viel me nog iets op. Als Eusébio met rechts geschoten heeft, zwiept de rest van zijn lijf mee en komt zijn linkerbeen heel even los van de grond.

Knipogende vrouwen en o zo hartelijke gokbazen hebben hem tot in de duistere hoeken van het leven gebracht. Hij kroop er weer uit en moest sober leven. Waar Pelé als FIFA-trekpop in het pluche plofte, kreeg de oude Eusébio liever een stijve kont op een zitplaats tussen het publiek.

Op de tribune vonden camera's met regelmaat de karakteristieke kop met kroeshaar.

Ah, daar zat Eusébio; het voetbalgeweten leefde nog. Hij vond dat de commercie het voetbalspel steeds verder in een wurggreep had.

In Lissabon was de clubheld al een tijdje in brons te bewonderen bij de hoofdingang van het Stadion van Het Licht. Eusébio, zich bewust van zijn faam: 'Als God op een dag besluit dat het erop zit, dan hoop ik dat mijn begrafenisstoet even stopt voor dat beeld en daarna een ronde maakt in een vol Estádio da Luz.'

Dat moeten ze regelen, de Portugezen. Eusébio zal het waarderen, met gesloten ogen: tot altijd.

‘Nice to meet you, mister Best’

De privéjet zakte door het lage wolkenpak. Ik had de neiging om te zwaaien vanaf het platform, maar hield me in. De banden piepten toen ze het oude asfalt van vliegveld Manchester raakten. Het grondpersoneel had een uitzondering gemaakt; normaal gesproken moest iedereen wachten in de aankomsthal, maar het noemen van de naam van de dode Britse voetballer opende iedere deur; ik stond naast het grondpersoneel op het platform.

Zenuwachtig testte ik nog snel mijn digitale opnameapparatuur en mijn Engelse uitspraak. ‘*One two, one two.*’

Hier moest ik het maar mee doen.

Twee mannen in smerige overalls en met beschermkappen over hun oren duwden een mobiele vliegtuigtrap naar de privéjet. Een stewardess (Aziatisch uiterlijk, iets te slank, groen hoedje op opgestoken haar) duwde van binnenuit de vliegtuigdeur open. De piloot kwam erbij staan.

In gedachten hoorde ik het volkslied door een fanfare van oude mannen in rafelige kostuums terwijl het nationale voetbalelftal van Noord-Ierland in een ijzige tegenwind naast elkaar stond.

In de cockpit draaide de piloot zich om. Ik zag aan zijn rug dat hij iemand in de romp van het vliegtuig uitvoerig de hand schudde. Even gebeurde er niets. Toen verscheen de zilveren punt van een wandelstok als prelude en meteen daarna de man met wie ik een afspraak had. Hij ging pasje voor pasje de trap af en stond toen voor me.

'Best,' zei Best.

'*Nice to meet you, mister Best*,' zei ik. Ik sprak mijn naam uit, maar zag aan zijn gezicht dat hij die niet ging onthouden.

'Hoe lang gaat het duren, want ik moet vanavond op tijd terug zijn voor een reünie met Eusébio, Masopust en Di Stefano,' zei George Best.

'Drie uurtjes, hooguit,' zei ik. We zouden met een ouderwetse Engelse taxi een ritje maken door hartje Manchester en een training bezoeken van Man U.

Ik bood hem mijn arm aan ter ondersteuning. We liepen naar de gereedstaande taxi. Vlak voordat Best instapte, werd hij aangetikt door een andere stewardess (Europees type, scherpe blik, ongelijke wenkbrauwen, ook een groen hoedje, maar nu op blond kortgeknipt haar), uit de privéjet.

'Meneer Best, mag ik nog een selfie met u maken? Mijn moeder is nog altijd een enorme fan van u.'

'Een selfie?'

George Best keek verschrikt naar het mobieltje en was vastgelegd voor hij het doorhad.

'*Lovely*,' zei de stewardess.

George Best lachte zijn charme bloot. Het was er nog, het bekende spleetje tussen de tanden. Zijn grijze haar had een donkere gloed van de henna.

We reden door het centrum van Manchester. Best genoot van iedere rode baksteen in de oude gevels.

'Wilt u naar een bepaalde plek?' vroeg ik.

'Weet je wat het is? Als ik hier ergens binnenkom,

staat er binnen vijf minuten gratis drank voor mijn neus. Altijd zo geweest. Ook toen ik het niet wilde. Mensen weten niet hoe groot mijn verslaving is geweest. Ik heb van alles geprobeerd om ervan af te komen. Weet je dat ik zelfs even bij de AA heb gezeten? Moet je je even voorstellen: ik, de beroemde George Best, anoniem, bij de Anonieme Alcoholisten. Dat werkte natuurlijk niet.'

We reden stapvoets door Brown Street. Er liep een vrouw (in de veertig, mollig, witte coltrui, jeans, halfhoge suède laarsjes) met tassen vol nieuwe kleding. Best keek haar bij het passeren even aan.

'Nog één ding over die alcohol. Ik vind God een goeie peer, maar had hij niet een betere uitvinding kunnen doen dan die slappe levertjes van ons?'

Ik was stil. Had zelf niet over de drankverslaving willen beginnen. Maar goed, bij Best lopen alle lijntjes van de roem door elkaar; voetbalmagiër, vrouwenversierder en dus ook: groot innemer.

'Rij maar meteen door naar het trainingscomplex van Man United, ik snak naar de geur van een voetbalveld,' zei hij tegen de chauffeur.

We reden op de slagboom af.

'Doe het raampje eens open,' vroeg Best aan de chauffeur.

Hij stak zijn hoofd naar buiten. De portier van het complex herkende de markante kop meteen. 'Georgie!' De slagboom vloog open. We reden door tot aan het trainingsveld.

'Mensen vertellen altijd dat ik zo'n hekel had aan trainen. Juist niet. Ik kwam weleens te laat aanzeilen, ja. Maar ik hield van het werken op het trainingsveld. Mijn oude coach Matt – hij heeft me ontdekt, dat weet je toch, hè? — Matt zou het beamen als hij hier naast me zat. Je kunt alleen maar goed zijn als je veel oefent.'

De taxi stopte.

Het weer was er niet beter op geworden. *Cats and dogs*. De taxichauffeur haalde een paraplu tevoorschijn, maar Best verbood hem het ding open te klappen. We stapten uit en gingen aan de rand van het trainingsveld staan.

Coach Louis van Gaal gaf net uitleg aan de selectie van Man United. De spelers stonden in een kring om hun trainer heen. Daley Blind trok zijn jack wat hoger dicht. Wayne Rooney liet ondertussen een bal onder zijn zool rollen. De harde stem van Van Gaal galmde over het complex.

George Best leunde op zijn wandelstok en keek minutenlang in stilte naar de uitleg die de coach gaf. De armen van Van Gaal gingen driftig heen en weer. De Hollander zette zijn woorden kracht bij door een klein beetje door zijn knieën te gaan. George zei nog steeds niets.

Pas toen de spelers zich over het veld verspreidden, keek Best me aan, met één omhooggetrokken mondhoek.

'In welke taal sprak die Van Gaal nou?' vroeg Best.

Zijn grinniken eindigde in een enorme hoestbui. Ik sloeg Best op zijn rug en merkte toen pas hoe breekbaar hij geworden was. 'Die Van Gaal is een enorme liefhebber. Dat merk je wel. Hij houdt van voetbal. Hij moet alleen die opschrijfmappen in de open haard flikkeren en tegen zijn spelers zeggen: 'Have fun, maak een doelpunt!' Weet je wie ik vroeger bij Man U fijn vond om naar te kijken? Giggs, en jullie Van Nistelrooij. Die twee wilden altijd op de goal af. Zoals Maradona.

Man, zodra Diego de bal had, keek hij op en ging hij als een speer naar het doel. Je moet het eenvoudig houden. Voetbal is net als seks met een vrouw, vind ik. Het is leuk om te doen; valt het een keer tegen, jammer, op naar het volgende potje.'

Terwijl zijn assistent de selectie onder handen nam, kwam Van Gaal even naar de zijkant.

'*Nice to meet you, George*,' zei Louis. En hij stak joviaal zijn hand uit. '*As a kid, I was a big fan. I compare you always to our Johan Cruijff*.'

Best keek naar de punten van zijn modieuze zwarte laarsjes. Verlegen met het compliment. 'Thanks. Ik heb met Noord-Ierland nooit op een WK gespeeld. Daarom was ik vroeger altijd zo trots als wereldvoetballers als Cruijff, Maradona en Pelé mij noemden. Pelé vond mij de beste van de wereld. Maradona stond te stuiteren toen hij een rush van me op tv zag.'

Van Gaal knikte. Hij rommelde in zijn zak en haalde zijn mobieltje tevoorschijn. 'Wilfried, maak jij nou eens een mooi plaatje van mij met George.'

Ik pakte het toestel aan en deed een paar passen naar achteren. Net toen ik de fotostand zocht, kwam er een mailtje binnen van Louis' vrouw Truus. Ik kon het zo lezen, maar dat deed je niet. Zelfs niet in de bakermat van de schandaalpers. Ik controleerde de foto. Ze stonden er alle twee mooi op: Louis met zijn duim omhoog en George met een regendruppel aan zijn kin.

Van Gaal nam afscheid en had even later alweer kritiek op een slechte pass van Chris Smalling.

Op het trainingsveld jongleerde Memphis Depay handig met een bal. George Best bestudeerde de motoriek van de Nederlander. 'Weet je, die gozer heeft het allemaal. Snelheid, kracht, souplesse, een goed schot, een sterke dribbel. Ik hou van hem. Maar hij is er nog niet. Laatst zag ik foto's van vriend Memphis in een foute krant bij de ingang van nachtclub Suburbia. Ja, je merkt het, ik hou het allemaal nog goed bij. Memphis, of heet-ie nou Depay? – anyway, hij had een goud gebitje ingedaan en een hippe bril die omgekeerd op zijn neus stond. En dan liep er ook nog een gratenpakhuis achter hem aan. Tja.'

Best stopte plotseling met praten. Hij gaf mij zijn wandelstok, strekte de armen uit en ging op zijn rechterbeen staan. De wind kreeg geen vat op het magere lijf. Hij hield zichzelf staande.

'*It's all about balance*,' zei Best, terwijl zijn haar voor zijn ogen waaide. Ik zag Best weer voor me, in zijn beste tijd: op hoog tempo slalommend langs struikelende verdedigers, het wapperende rode shirt uit de broek, de bakkebaarden, de knappe lach na een doelpunt.

Na een minuut ging Best op zijn andere been staan. Vandaag leek hij in niets meer op de vijfde Beatle. Zoals hij daar stond, armen wijd: Best was als een vogelverschrikker in het open veld.

'*Balance!*' riep hij.

Een onverwachte windstoot trok hem onverwacht uit het lood. George Best lazerde achterover en kwam met zijn achterhoofd tegen een stalen leuning. Tok.

Hij bloedde als een rund.

'Ik zou nu een moord doen voor een watje, met 100 procent alcohol,' lachte Best.

Ik gaf hem mijn zakdoek. Toen het bloed voldoende gestelpt was, besloten we Van Gaal en de selectie achter te laten op het trainingsveld. We stapten weer in de taxi. 'Ik mis dit. Het veld. De bal. Vrienden. Mijn familie. De wereld was zo onbezorgd, in mijn tijd. Ik zie alle plekken weer allemaal voor me; van mijn bakstenen geboortehuisje in Belfast, de stadions – groot en klein, allemaal even mooi – de duurste hotels van de wereld, de nachtclubs.'

Best vroeg de chauffeur om op de terugweg nog even langs Old Trafford te rijden. Stoppen hoefde niet, alleen maar even langs zijn lievelingsstadion. Best zuchtte een keer en zwaaide ingetogen met zijn wijsvinger naar de imposante tribunes. Hij prevelde iets wat ik niet kon verstaan en kreeg daarna vochtige ogen.

We kwamen aan op het platform van het vliegveld. Best stapte uit. Hij was moe, ik zag het aan de trekken in zijn gezicht. De twee stewardessen kwamen aangelopen. We namen afscheid met een veel te moderne omhelzing: kloppen op de ruggen.

Hij pakte zijn wandelstok, keek me aan en fluisterde in mijn oor: 'Jongen, ik heb zo genoten van het leven, dat ik nu zelfs kan genieten van de dood.'

Best liep de vliegtuigtrap op, aan beide armen een vrouw en een rode bloedvlek in het hennahaar. Hij keek niet meer om. De deur ging dicht en de privéjet reed naar de startbaan.

In mijn broekzak voelde ik een prop. Mijn zakdoek, volgezogen met het bloed van de mooiste dribbelaar uit de voetbalhistorie. Die ging ik nooit meer wassen. Het vliegtuigje bulderde zich een weg door de grijze lucht.

Weg was Best.

Contador is een strijder

Je zult maar wielrenner van beroep zijn. Het blijft een fascinerend maar zwaar vak. Dat werd me weer duidelijk na drie weken Ronde van Italië. Altijd loert er gevaar op en langs de weg, steile bergen slurpen de laatste krachten uit de benen en vanwege alle spanning balanceren sommige renners geestelijk op een smal koord.

Tijdens deze Giro d'Italia waren de ogen vooral gericht op Alberto Contador. De Spaanse coureur had het er zelf naar gemaakt door te zeggen dat hij dit jaar de Giro én de Tour de France wilde winnen.

Zo'n inspanning lijkt niet meer van deze tijd.

In 2010 werd Contador betrapt op een minuscule hoeveelheid clenbuterol. Hij verweerde zich destijds tot het uiterste. Er was toch maar 0,000000005 gram clenbuterol gevonden? En nee, het had niets met doping te maken. Het verboden goedje moest in een lekker stuk vlees gezeten hebben.

De Spanjaard werd geschorst. De winst van de Tour 2010 en de Giro 2011 werd hem ontnomen. Die zware straf heeft het woedevuur in Contador ontstoken.

Contador is een strijder. Hij wil bewijs op bewijs leveren dat hij zuiver op de graat is. Hij is geen Armstrong en ook geen Pantani. Dus veroverde hij de roze trui zo snel als mogelijk en verdedigde hij het kledingstuk als zijn kind.

Concentratie was zijn handelsmerk tijdens de Giro.

Bijna niets ontging hem. Hij ramde zelfs een boven het peloton gehouden selfiestick uit de hand van een toeschouwer. Afgelopen zaterdag leek Contador alsnog te breken. In de zware klim naar de top van de Colle delle Finestre verloor hij het contact met de kopgroep. De vederlichte Nederlander Steven Kruijswijk – de renner met de meest vierkante, vetloze schouders – danste op de onverharde weg naar de top.

Contador sloeg in de afdaling aan het rekenen. Geen paniek. Hij had de voorbije weken genoeg voorsprong opgebouwd om de Giro te kunnen winnen.

Na de slotetappe kwam Contador over de eindstreep. Hij stak als zegegebaar drie vingers in de lucht. Drie keer de Giro gewonnen? De editie van 2011 was hem toch ontnomen? Maar zo rekent Contador niet. Drie is drie. Zoals zero, zero, zero clenbuterol ook echt zero, zero, zero doping is.

Contador is de beste ronderenner van het moment. In de Ronde van Italië swingde hij soepel in de bergen en toonde hij pure snelheid in de tijdrit. Maar iedere winnaar van een grote ronde wordt tegenwoordig tegen het licht gehouden.

Kunnen we hem vertrouwen?

De Spanjaard doet zichtbaar zijn best. Maar zal Contador zich ooit nog kunnen bevrijden uit de klauwen van het beest dat argwaan heet?

Laat remmen, Valentino

Het scheefhangen zag er té lekker uit. Ik kon het niet laten. Vlak voor mijn televisietoestel heb ik de motorcoureur Valentino Rossi nagedaan als hij een bocht neemt.

Van het kijken naar mooie sport wil je zelf gaan sporten.

Ik heb geen motorrijbewijs. Een echte motorfan ben ik ook niet. Ik behoor tot de mensen die hun hoofd schudden als een stilstaande Harley-rijder bij een rood stoplicht uitsloverig het gashendel opendraait.

Als ik op de snelweg de gezworen vriendenclub Satudarah in mijn dode hoek zie, laat ik mijn auto naar een pensioengerechtigde snelheid zakken. Als de knalpijporgie langstrekt en het geluid op zijn hardst is, denk ik hun yell erbij: 'Tetap!'

Kortom, ik had een Valentino-momentje nodig om alsnog de liefde te bedrijven met een motorfiets.

De zesendertigjarige Italiaanse coureur was zeer behulpzaam. Ik heb nog nooit zo'n spannende finale gezien tijdens een MotoGP. Rossi en de Spanjaard Marc Márquez zaten elkaar voortdurend op de hielen tijdens de TT van Assen.

In vertraagde beelden kon je zien hoe schuin Rossi reed in de bochten. Zijn knieën hingen hooguit één centimeter boven het asfalt. Waarom viel hij niet? Trok de middelpuntvliedende kracht een lange neus naar de ouderwetse zwaartekracht?

Rossi remde extreem laat voor een bocht. Hij deed zijn been even buiten de motor. Alsof hij zó behendig was dat hij naast sturen, remmen en balanceren ook nog kon plassen. Net op tijd ging het been binnenboord en lag hij weer nagenoeg horizontaal boven het asfalt.

Ik moest en zou ook zo door een bocht kunnen. Handen aan een imaginair motorstuur. Ik duwde mijn voeten in de spleet tussen het zitkussen en de rugleuning van de bank. Bij het zien van een dubbele chicane door Rossi liet ik me gelijktijdig eerst links, dan rechts op de bank vallen.

Heerlijk, die losse swing op zo'n motorzadel.

Valentino Rossi heeft de heupen van een paaldanseres, de snelheid van een hongerig luipaard en de kalmte van een straaljagerpiloot.

In de laatste bocht wilde Márquez hem in een uiterste poging passeren. De motoren raakten elkaar. Even was Rossi uit balans. Hij moest rechtuit sturen. Doodkalm trok de Italiaan zijn voorwiel omhoog en raasde buiten de baan over het grind.

Valentino sprong na de overwinning van zijn motor en holde naar de tribune. Op een grasveldje deed hij een drievoudige koprol. Ik wilde ook koprollen, op mijn vloerkleed. Maar nee, te moe van alle bochten.

Ik zal niet zeggen dat ik mijn motorrijbewijs ga halen. Dat lijkt me voor alle verkeersdeelnemers geen fijn vooruitzicht. Het imiteren van Valentino Rossi is voor mij het hoogst haalbare in die duizelingwekkende wereld van de motorsport.

Zjumbo

Bij het zwembad zat een hinderlijke vlieg die ik maar niet te pakken kreeg. Iedere keer als ik mijn boek dichtklapte, was hij gevlogen.

Vanaf een heuvel keek ik uit over het dal. 'La douce Provence' op haar mooist. Snoeiheet, groen, een rustende mistral, aardbeienjam met munt. Ik hees mezelf overeind; het was tijd om naar de ploegentijdrit te kijken. Dat mocht in het huis van de eigenaar van het landgoed.

De man had niks met de Tour de France. En eigenlijk ook niet met zijn televisietoestel. Hij keek nooit. Of ja, toch wel. Die laatste keer dat het profpeloton beneden door het dal reed – een jaar of vier geleden – was hij op de heuvel gebleven. Hij wilde zijn dorp Montbrun les Bains graag vanuit de lucht zien.

'Onzin, die Tourpassage,' zei hij. 'Eerst gooit de reclamekaravaan twee uur lang allemaal Chinese rotzooi over de weg en dan zijn die wielrenners in een zucht voorbij.'

Inmiddels had hij de televisie aan de praat. De Franse commentator sprak net het woord 'Zjumbo' uit. Robert Gesink en zijn mannen verlieten het startpodium.

De eigenaar liet me alleen. Tijdens het verslag werd het woord 'TGV' gebruikt voor wielerploegen die als treintjes over het asfalt reden. In veel gevallen bleven de wagons niet in een rechte lijn; soms brak de kabel al na tien kilometer fietsen.

Ploegleider Peter Post kroop even vloekend uit zijn graf.

De eigenaar bracht een glas appelsap. Geen alcohol tijdens een wielerwedstrijd, moet hij gedacht hebben.

Zijn verhaal over die passage van de Tour was nog niet af. 'Terwijl iedereen aan de weg stond, keek ik hier televisie. Ik nam een slok uit een glas, gleed er een bij mee. Je hebt hier zevenendertig soorten bijen in de omgeving. Ik hield ze ook. Dit was een Italiaanse bij. Zwart lijfje, heel actief.'

Om een lang verhaal kort te maken: de eigenaar werd in zijn slokdarm gestoken en heeft een uur naar adem moeten happen. Hij miste de hele passage van de Tour.

Ik keek naar de laatste tijdritten. Nairo Quintana reed sterk, op een helling moest bijna zijn hele ploeg lossen. Tejay van Garderen had met BMC de juiste stroomlijn te pakken. En Chris Froome, de Keniaanse wandelende tak – om in insectentermen te blijven – reed zoals hij altijd rijdt: lelijk en hard.

De ploegentijdrit was afgelopen. Op tv kwam een roofvogel in beeld. Hij zweefde zonder zijn vleugels te bewegen op de thermiek. Wat een rust vergeleken bij het woeste stampen op de pedalen.

'Hebben we gewonnen?' vroeg de eigenaar.

Ik wist er geen antwoord op. Hij weet alles van de natuur, ik van de Tour.

Woorden als rozenblaadjes

Vlak voor de wedstrijd stond bondscoach Danny Blind met presentator Jack van Gelder op het veld. Na het bekendmaken van de opstelling had Blind een belangrijke mededeling: de wedstrijd ging 90 minuten duren.

Hoe verzon hij het?

Het had het moment kunnen zijn dat Van Gelder zich beledigd voelde. Maar nee, hij liet Blind netjes uitpraten en snelde naar de radiomicrofoon voor het verslag van zijn laatste interland.

De zoveelste wedstrijd der wedstrijden stond op het punt van beginnen. Ik keek naar de Turkse fans. Fanatieke supporters die zwaaiden met rode vlaggetjes.

Waarom worden stadions in Turkije altijd 'de hel' genoemd? De grasmat lag duizend meter boven zeeniveau, het was 30 graden. Dichter bij de hemel kon je gisteravond geen balletje trappen.

Na een half uur stond Nederland met 2-0 achter.

'We kunnen ze pijn doen,' had Blind vooraf nog gezegd.

De stadionspeaker hief een lange lofzang aan op de doelpuntenmaker. De woorden werden als rozenblaadjes over de 42.000 toeschouwers uitgestrooid.

Wie deed wie eigenlijk pijn?

De bank van Nederland kwam in beeld. Ik zag Blind en zijn assistenten Ruud van Nistelrooij en Marco van Basten. Drie volgers van de Hollandse School keken als ongelovigen naar het veld.

Ik dacht even terug aan hun gloriemomenten. Blind die bij Ajax de verdediging zo streng en strak leidde. Van Nistelrooij met een fladderend shirt van Manchester United in een rush op weg naar het doel. Van Basten met zijn geniale doelpunt in 1988.

Maar wacht, geen tijd voor nostalgie.

Het was juist nu zaak om te zien wat er niet deugde aan het huidige elftal. Veel. Oudere, blessuregevoelige spelers haalden hun niveau niet meer. De kwaliteit van talenten is lang niet zo hoog als gedacht en zeker niet constant. Ik miste het plezier in het spel, raffinement en durf.

Sneijder, na afloop: 'Het zat ons niet mee.'

Van Persie: 'Zwaar balen. We hadden de controle.'

Blind: 'Door persoonlijke fouten speel je de Turken in de kaart.'

En in koor: 'We hebben het niet meer in eigen hand.'

Dat laatste stak kennelijk nog het meest. Nederland, dat licht arrogante voetballand met een eigen voetbalschool, is afhankelijk geworden van de uitslagen van andere landen.

Met het verlies tegen Turkije staat Nederland nu aan de zijlijn van het voetbalveld. Europees en mondiaal.

De kans is groot dat Robben, Van Persie en Sneijder geen groot toernooi meer spelen. Nederland is niet zo goed als het denkt te zijn. Andere landen slaan de maat.

Piskijkers

Geletruidrager Chris Froome spoelde zijn mond met kristalhelder water en sprak met afschuw over de urine die onderweg naar hem was gegooid.

Dit hoorde niet bij wielrennen.

Je plas smijten naar een wielrenner. Hoe kom je erop? Als je je urine wilt delen, is het allereerst handig te weten of de ander ermee instemt. Een golden shower in een liefdesnest, het zal iedereen een zorg zijn. Maar deze actie?

Andermans urine op je huid bezorgt je rillingen. Een wc-bril met spetters van je voorganger. De geur van een toilet langs de snelweg. Een slok water uit een overvol kinderzwembad.

Bah.

Maar wielerfans moeten niet roomser zijn dan de paus. Wielrennen heeft niet bepaald een schoon imago. In het cyclisme bestaan veel verhalen over gerommel met plas.

Smeerpijpen zijn het, die renners.

Iedere etappe zien we het peloton een gezamenlijk moment kiezen om langs de kant van de weg te wateren. Je bent een hele bink als je het rijdend kunt. Nog nooit een renner daarna zijn handen zien wassen. Natte vingers om het stuurlint en trappen maar weer.

Vies.

Ik poets Het Peertje van Pollentier even op. De Belgische wielrenner die in de Tour de France van 1978 de dopingcontroleurs een loer probeerde te draaien. Zijn truc: schone urine in een condoom plassen, in je anus steken, een slangetje van je kont naar je eikel leiden en zo het potje vol pissen.

Er zijn heel wat wielrenners met urine van een ander door het oog van de naald gekropen. Om over het goochelen met andermans bloed maar niet te spreken.

Smerig.

En toch is urine waardevoller voor het wielrennen dan je in eerste instantie zou denken. Het beroep piskijker bestaat niet voor niets al eeuwen. Is de plas helder? Wat is de kleur? Welke afvalstoffen zitten erin? Duidt de plas op het gebruik van doping of een maskeringsmiddel?

Het is na de smerige actie tegen Froome misschien wel wat snel, maar toch: eerherstel voor urine lijkt me op zijn plaats.

Het is de normaalste zaak van de wereld om het hele seizoen door alle lichaamssappen onder de loep te nemen. Bij Team Sky weten ze donders goed hoe het met de plas (en het bloed) van Froome en zijn maten gesteld is.

Wielrennen en technologie gaan hand in hand.

Na de urinedouche stond Froome ontgoocheld voor de camera. Tijdens het warmrijden kreeg hij bewaking van de politie. Na aankomst in Valence trok Chris Froome een frisse gele trui aan. Alle ellende van de dag ervoor leek vervlogen, als ether.

Zo gaat het met urine in de openlucht: het droogt op.

Al blijft het vaak wel stinken.

Foute smash

Er zijn sporters die graag hun superioriteit tonen. Usain Bolt mindert al snelheid voor de finishlijn, wielrenners gaan rechtop zitten als ze zeker weten dat ze de sprint winnen, een voetbalelftal speelt bij een belangrijke voorsprong de bal minutenlang rond.

Er is een zeker risico aan verbonden. Als de uitvoering mislukt, maak je jezelf belachelijk.

Roger Federer is een ingetogen sporter. Een heer op de tennisbaan. Bij de Zwitser blijven zijn tennisrackets heel en zelfs de slechtste scheidsrechter krijgt na afloop een hand.

Federer speelde de laatste wedstrijd in de Davis Cup-ontmoeting tussen Zwitserland en Nederland. Zijn land stond met 2-1 voor. Federer tenniste tegen Thiemo de Bakker, nummer 144 van de wereld.

Iedere keer als De Bakker dichterbij sloop, schroefde Federer het tempo op en nam hij weer afstand van zijn opponent.

In de derde set retourneerde De Bakker slecht met een te hoge bal. Federer had alle tijd om te verzinnen wat hij ging doen. Liet hij de bal eerst stuiten? Ging hij De Bakker links of rechts passeren? Met een forehand of een backhand?

Nee, wacht. Er kwam iets anders op in het hoofd van Federer. Waarom niet eens lekker een potje uitsloven? Voor één keer niet beantwoorden aan dat brave imago?

De bal was nog onderweg. Federer maakte half court een paar snelle passen naar voren en steeg op. Zijn voeten waren al snel een meter van de grond.

Als een oppermachtige basketballer vlak voor zijn dunk, zo hing Federer in de lucht. Vrij als een vogel, met de armen en benen wijd uit elkaar. De tennisbal kwam steeds dichterbij. Het racket slingerde naar voren.

Alle spieren waren klaar voor een ongelooflijke klap.

Smash!

Uit.

Een fractie van een seconde stond de verbijstering op het gezicht van de tenniskampioen. Federer had zichzelf met de misser te kijk gezet. De ontzetting bij het publiek was groot. Aan de andere kant van het net haalde De Bakker opgelucht adem. Een vernedering bleef hem bespaard.

Hoe ging de tenniskampioen reageren op zijn mislukte staaltje krachtpatserij? De smash leek nog niet voor een kwart op de atletische *slamdunks* van Pete Sampras.

Federer draaide zich om, met een frons tussen de wenkbrauwen. Toen verscheen er langzaam een grote grijns op zijn gezicht. Het publiek zag het en begon mee te lachen.

De rol van uitslover paste Federer niet. Maar die lach; hoe ontwapend wil je een sporter zien?

Na zijn reactie dacht ik: een grootheid als Federer kan op weg naar zijn definitieve afscheid alles maken. Uitglijders, returns hoog in de tribune slaan en dus ook mislukte smashes.

Federer blijft voor altijd onaantastbaar.

Circusact

Er zijn maar weinig mensen die op de stang van je fiets mogen. Je geliefde, natuurlijk. Je kleine broer of zus, ook goed. Maar Peter Sagan had een ander idee. In de laatste kilometers van het wereldkampioenschap wielrennen reed hij alleen op kop. Hij had een kleine voorsprong genomen op het peloton, dat nog niet opgaf. Terwijl Sagan afdaalde, gleed hij van zijn zadel op de stang. En hij trapte door.

Een circusact in de straten van Richmond, Virginia.

Hoe hard ging het? Sagan reed misschien wel 80 kilometer per uur. Maar als je iemand de kunst van het dalen toevertrouwt, dan is het de Slowaakse renner. De fiets luistert naar de bevelen van Sagan, altijd, 24 uur per dag.

De wind suisde om zijn oren. Plukjes van zijn lange haar wapperden uit zijn helm. Achter zijn rug lagen de straten die de hele dag als een mantra in de hoofden van de wielrenners zaten: Dock Street, Monument Street, Second Street, Main Street.

In een flits zag ik een verkeersbord achter Sagan: ONE WAY.

Zelf kon ik iedere ronde mijn ogen niet afhouden van de verroeste staketsels onder de dubbele spoorlijn lang de James River. Deze keer geen idyllische kapelletjes en knotwilgen langs het parcours. Nee, Richmond bood zich aan als werkstad.

Vanuit de helikopter filmde de camera de stratenblokken en de fly-overs vol rijdende auto's. Ieder moment kon de vluchtpoging van O.J. Simpson weer live vanuit de lucht in beeld worden gebracht, zo leek het.

Sagan had geen oog voor het typisch Amerikaanse decor.

Na alle tweede plaatsen, na valpartijen op belangrijke momenten moest het deze keer goed gaan. In de laatste kilometer leken zijn gespierde kuiten het alsnog te begeven. Maar hij ging op de pedalen staan en weigerde te verliezen.

Sagan werd wereldkampioen.

Luttele meters na de finish sprong hij van het zadel. De fiets reed een paar meter door zonder zijn meester. Na 270 kilometer wedstrijd wandelde Sagan fris over het asfalt. Het was een absurd beeld waarbij je het tv-commentaar verwachtte zoals bij een landing van Epke Zonderland: 'Hij lóópt, hij lóópt!'

Na een innige zoenpartij met een vrouw (hoogstwaarschijnlijk niet de rondemiss die hij ooit op een podium in de billen kneep) sprong hij weer op het zadel.

Tegen de stroom in reed Sagan over een smal voetpad. Het kon niet uitblijven. Je bent een uitslover of je bent het niet: Sagan reed een stukje op één wiel. Hij ging op zoek naar de regenboogtrui. Nog even reed hij in het blauwe shirt van zijn land. SLOVAKIA stond er op zijn borst.

Zo ging het in de straten van Richmond: SLOVAKIA won in Amerika.

Een vuist in de handpalm

Het leek mij niet de juiste zet, Dirk Kuijt terughalen naar Feyenoord. Dat had niets te maken met de staat waarin Kuijt verkeerde. Deze vijfendertigjarige auto was weliswaar op leeftijd maar door een oud vrouwtje braaf iedere avond haar garage in gereden.

Nog geen krasje, meneer.

Mijn twijfel zat 'm meer in de romantiek van de voetbalheld die na een lange carrière per se wil eindigen bij zijn favoriete club. Grote spelers hadden in het verleden zo een sneu afscheid gekregen; de hoge verwachtingen werden niet ingelost.

Dat verdiende Kuijt niet.

In de eerste wedstrijden kon hij nog niet zijn stempel drukken op het spel van zijn team. Moest de gelouterde Kuijt zijn laatste jaar gaan slijten bij een stroef draaiend elftal?

Er werd links en rechts al gemopperd onder Feyenoord-supporters.

Kuijt stak bosjes peterselie in zijn oren. Kritiek? Op hem? Hij had niets gehoord.

Met zijn plakkerige blonde krullen betrad Kuijt tijdens thuiswedstrijden vol vertrouwen het veld. Via Dirks grote hand stroomde de bloedband van de club naar de knuist van het knaapje dat zenuwachtig met zijn grote voorbeeld meeliep naar de middenstip.

De Kuip smolt.

Gisteren maakte Kuijt tegen Heerenveen een hattrick. Hij heeft 129 doelpunten gemaakt in de eredivisie, net zoveel als Feyenoord-icoon Ove Kindvall.

Kuijt benadrukt graag de goede kant van het voetballeven. Als zijn team slecht speelt, zegt hij achteraf dat 'we beter kunnen'. Gisteren zei hij: 'We kunnen met z'n allen tevreden zijn. Ons *key word* is: vertrouwen.'

Als aanvoerder spreekt hij het liefst in de wij-vorm, het past in een stad waar de burgemeester een pleidooi houdt voor een zogenaamde wij-samenleving. Kuijt is zijn eigen woordvoerder. Ik denk dat hij zelfs tegenstanders van een AZC in Rotterdam stil krijgt.

Met een goed humeur kom je het verst, denkt Kuijt. Als familieman Kuijt met zijn gezin pech heeft met de auto, pakt hij eerst de gevarendriehoek uit de achterbak, maar dan direct erna een ganzenbord om het wachten aangenaam te maken.

Er zat geen prachtdoelpunt bij de hattrick van de Feyenoord-aanvaller. Ik ben zijn goals alweer bijna vergeten. Wél onthoud je: Kuijts ouderwetse juichen, het wijzen naar teamgenoten, het zoenen van zijn ring, het klappen voor de supporters. En als er harder gewerkt moet worden, slaat hij de vuist in de handpalm van zijn andere hand.

Het zijn maniertjes, maar plezierige maniertjes.

In het stadion van Heerenveen zat bondscoach Danny Blind op de tribune. Tegen beter weten in op zoek naar geschikte spelers voor het Nederlands elftal. Blind zag een onverzettelijke, sterke en scorende teamspeler van vijfendertig jaar zijn elftal naar de overwinning leiden.

Dacht Blind wat ik dacht?

Veertiende minuut

De rookwolk hing doodstil boven het hoofd van Leo Beenhakker. De drieënzeventigjarige coach had tijdens de fotoshoot voor het magazine van *de Volkskrant* zijn verslaving niet weggemoffeld. Ja, hij rookte nog altijd. Vroeger sigaretten, tegenwoordig dunne sigaartjes van het merk La Paz. Ik zag de gelooide huid van Beenhakker.

Doorleefd, doorrookt.

Ten tijde van de fotosessie in zijn appartement wist Beenhakker niet dat bij Johan Cruijff longkanker was geconstateerd. Ik vermoed dat hij zijn rokertje anders in de doos had gelaten.

Tijdens het zien van de foto drong tot me door dat het vertrouwde beeld van de rokende trainer zo goed als verdwenen is. Er was nog een korte overgangsperiode met lolly's in plaats van sigaretten, maar dat is ook voorbij.

Roken op de bank is uit.

30 november 1980. Ajax-trainer Beenhakker ziet Cruijff vanaf de tribune afdalen. Hij gaat naast hem zitten in de dug-out. Ajax staat thuis met 1-3 achter tegen Twente maar wint alsnog met 5-3. In die tijd rookten Beenhakker en Cruijff nog. Na een hartinfarct in 1991 besloot Cruijff te stoppen.

Na de première van de documentaire *En un momento dado* (over zijn Catalaanse periode) mocht ik Cruijff in het voorjaar van 2004 interviewen in een vol Luxortheater. Hij was zenuwachtig geweest voor de film, bekende hij.

Had hij weleens de aandrang gevoeld zijn onrust weg te roken met een peuk?

'Nee,' zei Cruijff zeer beslist.

Het afgelopen weekend werd afgesproken dat in alle voetbalstadions tijdens de veertiende minuut een applaus voor Cruijff moest klinken.

Ajax-coach Frank de Boer stond in Arnhem aan de rand van het veld. Hij had een geruit colbertje uit de kast gehaald. De Boer moest zijn spelers coachen en tegelijkertijd een minuut aan Johan denken. De wedstrijd lag niet stil. Terwijl hij geconcentreerd naar het veld bleef kijken, klapten de handen als vanzelf.

Televisiecamera's zochten naar bekenden op en langs de velden. Klapten ze? Marco van Basten, Giovanni van Bronckhorst, John van den Brom, Peter Bosz. Ja, ze klapten. Zoals ook het publiek van alle clubs liefde voor Cruijff betuigde.

Clubvoorkeur, status, huidskleur, land van herkomst: het deed er een minuutje lang niet toe. Eén waren de supporters, en bloedserieus ook, omdat het land een sporticoon dreigt te verliezen.

Johan Cruijff als tijdelijk bindmiddel van een verscheurde natie.

Hoe zou het Beenhakker vergaan zijn?

Zo zag ik het voor me: Beenhakker zit voor de televisie, in zijn appartement met uitzicht op De Kuip. In de veertiende minuut dooft hij plechtig zijn sigaartje, wappert de rook weg, staat op en klapt in zijn eentje voor Cruijff.

Sjinkie in Japan

Mijn puntlaarzen zijn uit. Ze staan buiten op de stoep van een boeddhistische tempel in de wijk Akasaka. Buiten raast het ochtendverkeer van Tokio voorbij. Binnen bidt een man op zijn knieën met gefluister tot zijn hogere macht. Ik zit naast hem en denk aan shorttracker Sjinkie Knegt.

Een dag eerder zag ik de Hollandse schaatser in Nagoya als eerste over de finish glijden op de 1500 meter. Voor het eerst in zijn leven won Knegt goud tijdens een wereldbeker.

Sjinkie, die naam heeft hij te danken aan zijn Chinese opa. De Japanse stadionspeaker liet zich de naam lekker smaken. Sjinkie was ongenaakbaar, in de heats, de halve finale en de finale. Hij won steeds afgetekend. Een fotofinish was niet nodig.

Sjinkie was naar Japan gekomen voor goud. De oerkreet net over de finishlijn was veelzeggend. Maar een paar minuten later stond het masker van onverstoorbaarheid alweer op zijn neus.

De biddende man in de tempel klapt hard in zijn handen, het geluid weerkaatst in de lage ruimte. Voor zijn knieën staat een dienblad met kleurige koekjes, een flesje water en twee gekookte eieren. Hij komt overeind en loopt met het blad de tempel uit.

Ik ga ook naar buiten, trek mijn laarzen aan en ben nieuwsgierig naar wat de man gaat doen. Hij schuifelt naar een altaar, legt de twee eieren op een tafeltje en vouwt zijn handen.

Ik denk weer aan Sjinkie.

Aan zijn vlasbaardje. Aan zijn zelfgemaakte apparaatje om de kromming van zijn schaatsen te meten. Aan het geluid van het slijpen van de messen in de catacomben van het schaatsstadion. Hoewel, stadion? In Japan is het een reuzenzwembad waar een bak met ijs overheen is gelegd.

'Werkijs, prima voor mij,' aldus Sjinkie op de dag dat hij goud won.

Inmiddels heeft de shorttracker al een retourvlucht naar Holland genomen. Met nog een gouden medaille in de koffer, voor de relay. Sjinkie vliegt over zijn geboortegrond, het platteland waar tientallen ganzen met elkaar in V-vorm voor een reis naar een warmer oord kiezen.

De man laat de eitjes achter op het altaar. Hij buigt naar zijn ontbijt dat hij voor de hogere macht achterlaat. Een zondags offer.

Als hij mij ziet staan, buigt de man naar mij. Ik buig onhandig terug – zoals ik in Japan uit pure onhandigheid voortdurend buig – en denk weer aan Sjinkie. Aan zijn houding als hij laag door een bocht schiet. Zo diep zitten is eigenlijk ook een soort buiging.

Een dankbare buiging van Sjinkie voor het ijs waarop hij twee keer goud won.

Wandelende bommen

Duizenden supporters liepen over het voetbalveld. Op het gras leek je veilig. Onrustig hingen ze daar rond, onzeker over wat komen ging. Ze belden, praatten en hielden elkaar vast. Waar moesten ze naartoe?

De beelden vanuit het stadion in Parijs laten me maar niet los. Het Franse elftal speelde een vriendschappelijke wedstrijd tegen Duitsland. Na ruim een kwartier klonk er een reuzenknal in de buurt van het stadion.

Vuurwerk, dacht iedereen. Tot het wereldnieuws op de tribunes via mobieltjes binnensijpelde: Parijs was het toneel van terreuraanslagen en het Stade de France was een van de doelwitten.

Welkom in het theater van uw dromen.

In een voetbalstadion wordt doorgaans anderhalf uur lang de boze wereld buiten gehouden en hoopt iedere fan op wonderlijk voetbal. Niet voor niets is stadion Old Trafford van Manchester United ooit omgedoopt tot Theatre of Dreams.

Theater bestaat bij de gratie van afspraken. Acteurs staan op de planken, het publiek kijkt toe vanaf een stoel. Maar in Parijs gelden vrijdagavond andere wetten.

Terroristen hebben zich als wandelende bommen opgeblazen in de buurt van het stadion. In hun lievelingstheater hebben de Franse supporters noodgedwongen de plaats ingenomen van de voetballers die zich verschansen in de catacomben. De massascène is live op televisie te volgen. De hand van een regisseur ontbreekt.

Dwalen, dat is wat het Parijse publiek doet.

Buiten liggen de lichamen van 'hen die zichzelf opbliezen'. In naam van hun god, hun gedachtengoed of hun kalifaat; het zal me een rotzorg zijn. Iemand die een toegangskaartje koopt, bommen omhangt en daarmee mensen wil doden, kan maar beter uiteengereten tussen het vuil van de straat liggen.

Tachtigduizend toeschouwers bij elkaar en uiteindelijk maar één slachtoffer? De coach van de drie zelfmoordterroristen zal niet tevreden zijn.

Een menigte op een voetbalveld. Afgezien van een feestende mensenmassa bij een kampioenschap kan ik zo'n tafereel slecht aanzien.

Onlangs werden nog tweeduizend vluchtelingen opgesloten in een stadion op het Griekse eiland Kos. Ik zie de beelden voor me van doodgedrukte en gewonde fans op voetbalvelden. En van politieke gevangenen die in 1973 in Chili in het voetbalstadion van Santiago bijeengedreven werden.

Als Angela Merkel en haar ministers op de tribune zitten in het stadion van Hannover bij de vriendschappelijke wedstrijd tussen Duitsland en Nederland zal de beveiliging zwaar zijn.

Er zal een indrukwekkende minuut stilte te horen zijn. Spelers zullen een rouwband dragen en het publiek zal medeleven tonen met de slachtoffers in Parijs. Maar wie zal zich, zo vlak na de aanslagen, volledig kunnen verliezen in de huzarenstukjes op het veld? Het theater van onze dromen is het theater van de werkelijkheid geworden.

Persbericht

Foppe de Haan was verkozen tot Ontroerendste Coach van het Jaar. De jury had aanvankelijk een ruime keuze; er zijn zoveel gevoelige coaches, zoveel sporten, zoveel successen.

Waar kies je voor?

Doorslaggevend was de eruptie uit het oude lijf van de coach van voetbalclub Heerenveen, tijdens zijn laatste persconferentie. De tweeënzeventigjarige De Haan brak toen hij sprak over het mooie voetbal van zijn team.

Uit het juryrapport: 'Foppe de Haan had geen vragen van journalisten nodig om zijn hart te laten spreken. En dat alles in een slapstickachtige scène met een microfoon en een glas water.'

De jury doelt hier op het moment dat Foppe de Haan naar adem hapte en snel een slok nam uit een glas water dat al halfleeg was. Omdat De Haan het een paar seconden later weer te kwaad kreeg, was het water op. Toch pakte de coach het lege glas beet, zette het aan zijn mond en deed alsof hij een slok water doorslikte.

'Met het drinken uit een leeg glas bracht De Haan ons in vervoering. Hij wist zich geen houding te geven en toonde dat, zonder gêne. We keken recht in zijn ziel. Iedereen pinkte een traantje weg en slikte met Foppe mee', aldus de jury.

Het was ook van een grote schoonheid hoe De Haan

zijn tong tegen zijn wang duwde, waardoor aan de buitenkant een balletje door de huid schemerde.

Het gevaar bestond dat De Haan te larmoyant zou worden. Aantrekkelijk sniffen en vooral op tijd stoppen, dat is slechts weinigen gegeven. Net als in topsport komt het dan aan op timing.

Precies op tijd relativeerde de coach zijn gedrag: 'Dit is typisch een oude man.'

Uit het juryrapport: 'Foppe de Haan is al decennia een oorspronkelijk man in de overspannen sportwereld. Waar spelers doodschoppen uitdelen aan tegenstanders, cornervlaggen en reclameborden, weet De Haan zijn emotie te relativeren. Jezelf een potje uitlachen, dat zien we veel te weinig in de sportwereld.'

In tegenstelling tot de verkiezingen van de Sportman en Sportvrouw van het Jaar waren er geen andere gegadigden voor de prijs. Geen gedoe met appels en peren. De eenkoppige jury was unaniem in haar beslissing om Foppe de Haan uit te roepen tot Ontroerendste Coach van het Jaar.

NIET VOOR PUBLICATIE

Aangezien Foppe de Haan en zijn familie nog niet op de hoogte zijn gebracht van de uitverkiezing, vragen we de media het embargo niet te schenden. We laten u weten wanneer de juryvoorzitter het beeldje aan Foppe de Haan overhandigt.

We verwachten wederom prachttranen.

Dank voor uw begrip.

Mantra

Het marcheren van de militairen op de schaatsbaan van Minsk leek onberispelijk; gekleed in vierkante uniformen sloegen ze hun benen bij iedere pas kaarsrecht naar voren. De Wit-Russen liepen met drie vlaggen naar het podium voor de medaille-uitreiking. Sven Kramer stond al klaar. In het midden.

Kramer staat altijd in het midden.

De spanning op het EK allround was ver te zoeken. De laatste meters schaatste Kramer op het gemak uit: brede slagen, torso omhoog en de handen in de lucht. Je kon zijn overwinningsgebaar al twee dagen zien aankomen.

Kramer is de baas op de ijsrots. Hij leeft voor zijn sport. Verzuren tijdens de training, slapen in hotelkamers, drank en feestjes overslaan met als enig doel: de beste zijn.

Wie naar Sven Kramer kijkt, ziet een sportman die naar perfectie streeft en altijd de strijd wil aangaan. Zijn tegenstanders liggen bij voorbaat verslagen tussen de dweilmachines. Wie wordt er tweede, dat is hun voornaamste vraag.

Het toernooi was twee dagen live te zien. Een toernooi zonder spanning. Uitzetten deed ik de televisie niet. Verslaving, gewenning? Dit allroundtoernooi was een knapperend haardvuur. Wegsoezen bij een mantra aan rondetijden en interviewtjes. Heerlijk, ik kon er deze week weer tegenaan. Schaatsen als yoga.

En dat terwijl ik zulke opwindende herinneringen heb aan allroundtoernooien. Ja, ik ben nog uit de tijd dat je alle tijden met de hand noteerde op een speciaal vervaardigde pagina van je papieren krant. De Noren versus de Hollanders. De angst dat het ging sneeuwen, of juist dooien.

Het EK allround hangt er tegenwoordig een beetje bij omdat schaatsers zich steeds meer specialiseren op één of twee afstanden. De allrounders hebben het nakijken. Een schaatstoernooi moet swingen. Het publiek hoort tijdens de rondjes liever muziek dan een slepende schaats.

De wereld is kortademig geworden, misschien hoort een uithoudingsproef op de 10 kilometer niet meer bij deze tijd. Inruilen voor de 3 kilometer, is het plan.

De grootste spanning tijdens het toernooi zag ik bij de militairen, vlak voor de prijsuitreiking. Ze kregen het maar niet voor elkaar om de lusjes van hun vlaggen om een horizontale pijp te doen die omhooggetrokken moest worden. De namen van de nummers één, twee en drie van het eindklassement werden al omgeroepen.

Die verdomde lusjes, ze waren te krap. Net op tijd lukte het om ze om de pijpen te krijgen. Met bleke gezichten trokken de militairen aan de touwtjes.

De vlaggen hingen even later futloos in de lucht. Onze beste schaatser aller tijden zwaaide met een krans om zijn nek, achtvoudig winnaar van een toernooi dat wellicht als passé moet worden beschouwd.

Louis

Ook zo'n zorgen gehad om de vrouw van Louis van Gaal, zijn kinderen, kleinkinderen en vrienden? Ze hebben het niet makkelijk met alle kulverhalen over de trainer van Manchester United, zei Louis van Gaal zelf. De gewraakte trainer dwong ons te turen naar een onpeilbare, diepe put van verdriet en ellende. Een gewoon mens komt daar nooit.

Van Gaal cum suis wel.

In het land van Shakespeare leeft een grootvorst die van zijn troon gaat vallen. Hij houdt zich nog vast, maar weldra sleurt hij alles en iedereen met zich mee de ellende in.

Voor het oog van de camera's spuugde Van Gaal zijn boosheid uit in een toneelstukje dat zijn dualistische karakter toonde. Het lijkt op schizofrenie, gehuld in een blauw-rood trainingspak. De Nederlandse trainer kan in één zin weerzin én medelijden oproepen.

Buitenstaanders kunnen nog lachen om de slechte periode van de beroemde club. Maar het is Louis van Gaal ernst: zijn leven, zijn status en zijn naam staan op het spel, verdomme.

Natuurlijk had Van Gaal gelijk toen hij de Britse media van vals spel betichtte. Dagelijks valt een diarree aan roddels op de mat bij de voetballiefhebber, die er gretig aan ruikt en snuift. Maar de verdediging van Van Gaal was zonder humor en sentimenteel.

Bij monde van aanvoerder Wayne Rooney vroeg de selectie om een lossere sfeer tijdens de trainingen. Van Gaal ging akkoord. Schoorvoetend waarschijnlijk, want hij houdt van regels. Ik ken een oud-international die het zweet in de handen krijgt als hij terugdenkt aan een schreeuwende Van Gaal in de eetzaal: 'Tafel 1, opscheppen!'

Manchester United verloor van Stoke City. De spelers liepen keurig heen en weer in hun zone. Vechten voor club en trainer leek niet aan de orde.

De hulpeloosheid van Louis van Gaal tijdens de wedstrijd was aandoenlijk. Zijn haar waaide steeds de verkeerde kant op, hoe vaak hij het ook fatsoeneerde. Hoog op de tribune keek Sir Bobby Charlton sereen toe. Het clubicoon is al sinds jaar en dag kaal en had een zwart hoedje op.

Louis van Gaal nam af en toe een slok uit een flesje bronwater. Het dopje zat eraan vast, dat kon hij in ieder geval niet kwijtraken. Eén zekerheid in wankele tijden.

Na de wedstrijd liet Van Gaal zich ontvallen dat hij misschien zelf wel ging opstappen. Zijn eergevoel stak de kop weer op; de touwtjes in handen houden, zelfs op een dieptepunt in je carrière.

Dat tieren, het rood aanlopende gezicht, de waterige ogen. Het is Van Gaal ten voeten uit. Een toptrainer die uit zijn lijf barst. Ik hou (bijna altijd) van hem. De 'totale mens' is in verval en iedereen mag het zien.

Strange fruit

Fotograaf Lawrence Beitler stond op 7 augustus 1930 met zijn toestel op het plein van het Amerikaanse plaatsje Marion. Hij richtte zijn lens op een bizar tafereel in een oude boom. Flash!

De ouderwetse flitser met magnesiumpoeder deed zijn werk. Beitler holde naar zijn studio om de foto af te drukken.

In de donkere kamer verscheen de foto in de ontwikkelbak: aan de takken bungelden twee zwarte jongens met een strop om hun nek. Ze waren gelyncht omdat ze een moord gepleegd zouden hebben op een blanke.

Het stadje was uitgelopen om het ophangen te kunnen zien. Omstanders kijken ontspannen in de lens. Alsof wat zich voltrokken had de normaalste zaak van de wereld was.

Een dichter zag de foto en schreef een gedicht dat later de aanzet vormde tot het lijflied van Billie Holiday. Het heet 'Strange Fruit':

Southern trees bear strange fruit,
Blood on the leaves and blood at the root,
Black bodies swinging in the southern breeze,
Strange fruit hanging from the poplar trees.

Levenloze zwarte mannen die als vreemd fruit wiegen in de wind.

Eén keer luisteren naar de versie van Holiday en de rillingen gaan door je lijf. Zeker als je weet dat zij als zwarte zangeres in de Verenigde Staten zoveel werd vernederd.

Misschien moet ik het haatdragende gedrag van hooligans niet willen duiden. En misschien moet ik al helemaal niet met een jazzliedje op de proppen komen.

Maar goed, ik had geen keus toen ik Feyenoord-keeper Kenneth Vermeer als een zwarte opblaaspop met een strop om zijn nek zag bungelen over de reling; de foto van 7 februari 2016 deed me denken aan de lynchfoto van 7 augustus 1930.

Feyenoord-keeper Vermeer — de ex-Ajacied, die vuile overloper — hing als 'vreemd fruit' in het stadion waar hij jarenlang sluitpost was. En het was nog slecht uitgevoerd ook, de imitatie-Vermeer had veel te dunne beentjes en een wit T-shirt als keeperstrui.

Net als in 1930 was het vermaak niet ver weg. In de buurt van de pop werd gezongen en de wedstrijd ging gewoon door.

Ajax won door een prachtgoal van Bazoer. Bazoer? Dat was toch die zwarte jongen die op oerwoudgeluiden werd getrakteerd door ADO-fans?

Vermeer was achteraf bewonderenswaardig kalm. Met een lage stem weerde hij suggestieve vragen af. Al sneed het me door de ziel toen hij zei: 'Je ziet jezelf hangen.'

De man die de pop over de balustrade slingerde werd opgepakt en kreeg een stadionverbod. Van mij mag er nog een straf bij: op wedstrijddagen verplicht luisteren naar 'Strange Fruit' en de tekst uit het hoofd leren.

Ik hoop dat het hem lukt, maar ik vrees het ergste.

Crescendo

In Nagoya stond ik op een paar meter van Jorien ter Mors. Met uitzicht op het ijs van de shorttrackbaan keek ze naar haar collega's. Ter Mors heeft een imposante gestalte: lange benen, machtige spieren.

Ter Mors had iets onbereikbaars. Ze leefde in een wereld waarin ze weinig anderen toeliet, zo leek het. Muziek op de oren, blik op oneindig. Gelijk had ze. Bij topsporters liggen emoties altijd maar weer onder een vergrootglas. Een pleister aan een pink, een trekkende mondhoek en het beeld gaat de hele wereld over.

Aan Ter Mors kleeft het verhaal van haar vader. Hij was zelf een schaatsfanaat; met zijn dochter vormde hij een span. In mei 2013 overleed hij aan kanker. Toen ze in 2014 olympisch goud won in Sotsji stond ze kort na de race voor de camera. Waar dacht ze aan? 'Aan alles wat ik heb meegemaakt, het afgelopen jaar. Aan mooie dingen, aan je vader die je hebt verloren...'

Tranen over de wangen.

Tijdens het WK afstanden in Rusland won Jorien ter Mors twee keer goud, op de 1000 en de 1500 meter.

Zelden heb ik een vrouw zo'n egale 1500 meter zien rijden. Haar tegenstander was al meteen in geen velden of wegen te bekennen. Ter Mors gleed schijnbaar moeiteloos over het ijs met tussentijden die je benen van je grote teen tot aan je lies zouden moeten verzuren.

Het was bijna vreemd om de televisieverslaggevers

over 'het verval' per rondje te horen spreken tijdens zo'n perfecte race.

Verval? Deze race was één groot crescendo.

Na haar race bleef Ter Mors zitten op het middenterrein. Ze verstuurde whatsapps naar vriend en familie in Nederland terwijl de tegenstanders zich op het ijs kapotbeten op haar tijd.

In Japan zag ik hoeveel kracht Ter Mors uitstraalt. Ze kan alleen met haar voorkomen al het gevoel geven dat er voor anderen niets te halen valt. In dat opzicht lijkt ze op Sven Kramer.

De schaatstranen kregen we in Rusland te zien bij Ireen Wüst, de vechtjas met haar rotseizoen. Ze was twee seconden langzamer dan Ter Mors op de 1500 meter. Wüst was meedogenloos voor zichzelf en schoot vol: 'Ik reed een nietszeggende rit.'

Nietszeggend, dat is het ergste wat je als sporter over jezelf kunt afroepen.

In Rusland stond Jorien ter Mors zelfverzekerd op het podium. Ze hield het droog, gehard als ze is door verlies en keek naar de nok van het stadion, naar de vlag in top.

Ter Mors is een veelvraat die alles wil winnen wat er te winnen valt, en dat lijkt nog te lukken ook. Ze is een kop groter dan iedereen.

Schwalbe

Voetbaltrainers laten zich tijdens een wedstrijd zien als kauwgumkauwer, keffer, grappenmaker, cynicus, opnaaier, gemenerik, strateeg, idioot, notitiemaker, patiënt, publieksbespeler, vader, opa en doetje.

Vroeger zat een trainer rustig op de bank. Het mooiste icoon uit die tijd? Ernst Happel, voorovergebogen met een sigaret in zijn hand. Tegenwoordig moet de trainer 'meedoen' aan de wedstrijd.

Ieder zijn manier.

In de Arena staan verdomd lekkere stoelen in de dug-out. Het zijn verwarmde zetels waarin het prettig kijken is naar een wedstrijd. Ajax-trainer Frank de Boer hing tijdens het duel tegen AZ vaak achterover in zo'n stoel en keek met de handen in de zakken van zijn winterjas toe hoe goed zijn elftal speelde.

De Boer als chauffeur van een moderne, zelfrijdende auto.

Eerder op de dag stond Giovanni van Bronckhorst van Feyenoord grote delen van de wedstrijd tegen FC Utrecht gebarend aan de zijlijn. In het eerste deel van het seizoen was Van Bronckhorst nog een brave bankzitter. Zou het staand coachen een idee zijn geweest van zijn souffleur Dick Advocaat?

Advocaat kon zich vroeger als coach enorm opwinden langs de lijn. Schreeuwen naar spelers en scheidsrechters. Opstaan, zitten, weer opstaan, weer zitten.

Als het nodig was, stopte hij duim en wijsvinger in zijn mond om een snerpend fluitgeluid te produceren waar valse honden meteen braaf bij zouden gaan liggen.

Diego Simeone, de coach van Atlético Madrid, stierde tegen PSV heen en weer. Hij fantaseerde negentig minuten lang dat hij ín de bal opgesloten zat; de Argentijnse zenuwpees leek alles van binnenuit mee te maken. Het was clownesk en ontroerend om te zien hoe een volwassen man zich zo kon verliezen in het voetbalspel.

Louis van Gaal trok dit weekend de meeste aandacht. In zijn periode bij Manchester United zat hij vaak als slachtoffer op de bank; hij was wilder op persconferenties dan langs het veld.

Gisteren had hij weer eens een fenomenale fysieke uitspatting; Van Gaal deed een schwalbe van een speler op het veld na. Met een pen in de rechterhand en links het opschrijfboek viel hij achterover en kwam weer overeind.

Na de wedstrijd betuigde Van Gaal spijt. Waarom hij de act had gedaan? Samengevat: hij werd gedreven door 'emotions', zoals hij zelf zei. Een coach – zittend, staand of liggend – voelt zich een gemankeerd speler zonder bal, en die onmacht speelt hem parten. Ach, dan doe je soms rare dingen.

Van Gaal op zijn rug: ik moest lachen en had meteen erna met hem te doen.

Sprinkhaan Sifan

Op de mat in de fitnessruimte lag atlete Sifan Hassan op haar rug. Ze was moe van de krachttraining maar moest nog even door. Ze kwam omhoog en begon met haar armen langs haar bovenlijf te zwaaien. Liggend lopen, dat was het.

Van dichtbij keek ik naar het gezicht van Sifan dat zoveel verschillende poses aannam. Je kunt haar in één minuut tijd boos, vrolijk, flirterig, chagrijnig, moe en energiek zien.

Haar trainer Honoré Hoedt zette haar op scherp. Terwijl ze de zware oefening deed, haalde hij haar met vinnige duwtjes tegen de schouder uit balans. Sifan giechelde en mopperde tegelijk.

'Kom op, jij spartelende sprinkhaan,' moedigde de trainer haar aan.

De oefening op trainingscomplex Papendal was bedoeld om Sifan weerbaar te maken tegen fysieke aanvallen op de atletiekbaan tijdens een 1500 meter. Een por in je zij, een stoot met een elleboog, een schouderduw. Je moet je wapenen en kunnen incasseren.

En vooral van je afbijten.

In de finale van het WK indoor in het Amerikaanse Portland staken haar ellebogen uit als bajonetten. Ze duldde haar tegenstanders niet naast zich. Sifan moest en zou winnen.

Ze had het niet makkelijk gevonden, zo venijnig zijn.

‘Ik ben vaak in de race heel erg lief en wil niemand duwen.’

Het was weer zo’n zacht Sifan-zinnetje dat ik na de race opving in haar brabbeltaaltje. De mix van Ethiopisch en Nederlands levert teksten op die ze zelf nog het beste lijkt te begrijpen. Maar de woorden komen uit het hart en haar charme is onweerstaanbaar.

Sifan is gevlucht uit haar geboorteland, van een continent waar sprinkhanen een plaag kunnen zijn. Ze heeft de ellende meegemaakt die veel vluchtelingen zullen herkennen. In Nederland kwam ze in een asielzoekerscentrum terecht waar ze vereenzaamde.

Atletiek gaf haar leven nieuwe betekenis.

Na haar WK-overwinning op de 1500 meter gooide ze een Nederlandse vlag over haar schouders. Welke stoere jongen – met zijn gezicht laf verscholen in een capuchon – durfde nog te roepen dat deze gevluchte moslima moest oprotten naar haar eigen land? Met haar speelse ogen en haar vechtlust ontwapent Sifan iedereen. Ze ontneemt schreeuwers de woede in hun stem.

Sifan komt uit Ethiopië, woont nu in een flatje in Arnhem, maar ze rent namens de hele wereld.

Het afgelopen weekend liep de atlete rondjes in een mouwloos oranje shirt en korte broek terwijl ze weet dat haar traditionele moslimmoeder dat vreselijk vindt. Ook die strijd gaat ze aan. En wat dacht ze toen de finish in zicht kwam? Ze graaide met haar hand voor haar ogen: ‘Ik zag de gouden medaille al voor me hangen.’

We geven onze wereldkampioene een koosnaam die haar trainer tijdens het duwen en trekken verzon: Sifan, jij spartelende sprinkhaan.

Schitterend

Davy Pröpper maakte een mooi doelpunt. De PSV'er stond in het strafschopgebied, kreeg vanaf de zijkant de bal halfhoog aangespeeld en tikte hem met de binnenkant van zijn voet in één keer in de hoek van het doel.

Ik heb zojuist mijn best gedaan een doelpunt uit te leggen; zonder beeld, met woorden. Zoals te lezen, dat valt niet mee.

Waar stond Pröpper dan precies, met welk deel van zijn schoen schoot hij eigenlijk, hoe hard ging de bal, had hij effect en wat deed de keeper?

Gelukkig werd het doelpunt van Pröpper van degelijk commentaar voorzien door de FOX-verslaggever van dienst. Hij gebruikte gangbare woorden voor wat hij op het veld zag gebeuren.

'Prachtige trap van Van Ginkel... Schitterend weggelegd aan de rechterkant... Mooie aanval van PSV... Wat een beauty van een goal... Schitterend gespeeld door de Eindhovenaren... Schitterende, subtiele voetbeweging van Pröpper... Pracht van een goal.'

Drie keer schitterend, ja. Maar dat is niet erg. In een paar seconden bedenktijd moet je wat, als liveverslaggever. En bovendien, schitterend is een schitterend woord voor een schitterend doelpunt.

Jeuk in mijn nek ontstaat bij het populair geworden 'heerlijk'. 'Wat een heerlijk doelpunt.'

Elk bovengemiddeld doelpunt krijgt het predicaat

'heerlijk'. Een maaltijd kan heerlijk zijn, of een ijsje in de zomer. Heerlijk heeft te maken met smaakpapillen, niet met een bal en doelpalen.

'Die zit er heel lekker in, hoor.'

Klinkt te populair. Een bout en een moer kunnen 'heel lekker' in elkaar zitten. Een bal in de soep ook. Maar een doelpunt zit niet per se heel lekker.

'Zo. Alstublieft!'

Als een sportverslaggever dat roept, moet ik aan een ober denken die met veel zwier een glas neerzet. Of een keurslager nadat hij een paar keer met de platte kant van de bijl op je biefstuk heeft geslagen.

Als een verslaggever de bagage mist om met fijn taalgebruik een doelpunt van een bijzonder aura te voorzien, mag het ook een uitroep in blokletters zijn. Het is genadeloos en komt – zeker in het geval van een ongewenste goal – aan als een guillotine:

'Doelpunt.'

Na afloop van de wedstrijd mocht Phillip Cocu als trainer van PSV iets over het doelpunt van Davy Pröpper zeggen. Cocu staat niet te boek als een knapperend haardvuur, maar hij liet zich nu even gaan: 'De manier waarop Davy de bal afwerkt, daar druipt de klasse van af.'

Druipen. Afwerken. Ik zeg niets.

In de catacomben zag de maker zelf zijn doelpunt terug op een monitor. Hij krabde door zijn kous heen aan zijn knie en zei: 'Toen-ie van mijn voet af ging, zag ik 'm erin gaan. Ja, fantastische goal, ja.'

Fantastisch is een fantastisch woord voor een fantastisch doelpunt.

Sluimerstand

Wielrennen zou een kijksport zijn voor oude mannen. Dat was de conclusie van twee onderzoekers op de universiteit van Leuven. In het koersverloop ontbrak het ritme van deze tijd en van entertainment was nauwelijks sprake.

Cyclisme als slap vertier voor nadruppelaars.

Tijdens de slotetappe van Parijs-Nice leek het profpeloton het tegendeel te willen bewijzen. Alberto Contador was de aanjager; in een hip fluorescerend shirt zat hij hitsig op zijn fiets. Aanval op aanval pleegde hij, je kon niet weglopen bij de televisie.

Luttele kilometers voor de streep lag de Spanjaard genoeg seconden voor op geletruidrager Geraint Thomas, die op de laatste berg met een inzinking kampte. Althans, zo leek het. In de afdaling liep hij weer in op Contador.

Op de streep waren er bonificatieseconden te winnen. Wielrennen werd een sport voor nerds met een calculator op het mobieltje: seconde erbij, seconde eraf. De oude mannen haalden het telraam van zolder.

De helikopters en motoren hadden moeite het steeds veranderende scenario in beeld te brengen. Aan de finish kwam Contador vier seconden tekort om de leiderstrui te veroveren. Winnaar Thomas kon van vermoeidheid niet meer juichen.

Dit was een vijfsterrenetappe; spannend tot aan het

einde met hyperactieve renners in de kopgroep. Je zou het bijna entertainment noemen. De slotetappe had meer swing dan de schaatsritten van de kanslozen in Thialf, en ook meer dan het bloedeloze middagpotje tussen Vitesse en Feyenoord.

In de Tour de France zullen de voorspelbare etappes weer urenlang live te zien zijn: een kopgroep neemt een voorsprong, je denkt dat ze voorop blijven maar uiteindelijk worden ze in de laatste kilometers ingehaald en wint een sprinter.

Saai? Ach, zie een lange wielerwedstrijd niet puur als een wedstrijdsport. Het is ook een reisprogramma met hier een daar een momentje voor de vogelspotter, de plattelandsliefhebber en de weerkundige. Het is sport in de sluimerstand. Sport die moet garen, als een rollade in de oven.

Wie alleen naar wielrennen kijkt voor de uitslag, kan beter pas inschakelen vlak voor de finish of de samenvatting opzoeken.

Zaterdag reizen we met het peloton mee richting de Italiaanse Bloemenrivièra en wachten we geduldig op de schittering van de Middellandse Zee en het bovenaanzicht van de kassen op de Poggio. Met een wielerklassieker kun je de dag doorkomen. Even een hazenslaapje? Geen bezwaar.

Slow television.

Is wielrennen een ouderwetse sport? Vaak wel, ja. Maar zondag is er als contrast een modern adrenalineshot voorhanden: negentig minuten voetbal tijdens PSV-Ajax. Niets mis met de mix van snel voetbal en sloom cyclisme.

In iedere oude man die van de fiets houdt, zit een jongetje verscholen dat opveert als hij een bal ziet rollen.

Happel

Op de begane grond van café Hopper in hartje Rotterdam kwam een meisje op ons tafeltje afgelopen.

'Wat kan ik voor u doen?'

Verwachtingsvol keek ik naar Ernst Happel. Een cap domineerde het ingevallen gezicht van de Oostenrijkse trainer. Ik kende die cap met de sponsornaam *Funkberater* erop. Vier dagen na zijn dood in november 1992 lag dat petje als eerbetoon op de bank tijdens een vriendschappelijke duel tussen Oostenrijk en Duitsland.

'Dit is meneer Happel, de beste coach die we hier ooit gehad hebben,' zei ik tegen het bedienende meisje. 'Als hij thuis was in Wenen zat hij graag in café Ritter, zo'n chique Weense zaak. Wat hebben jullie voor lekkers bij de koffie?'

Het meisje wees naar schaaltjes naast de kassa en noemde het assortiment aan zoetigheid op: 'We hebben appel-amandelcake, oatmealkoeken, brownies, Bretonse cake en croissants – o, sorry – er is nog maar één croissant.'

Ernst Happel had het al begrepen.

'*Keine Sachertorte? Nah ja, nur Kaffee.*'

Het was er nog steeds, die wonderlijke mix van Oostenrijks, Duits en Nederlands

De oud-trainer schoof zijn stoel naar achteren zodat hij met de ellebogen op zijn dijbenen kon leunen. De filter van een Belga-sigaret kleefde aan zijn dun geworden lippen, de helblauwe ogen nog kraakhelder in de kassen. Ja, in deze houding herkende ik Happel als hij langs het veld zat te kijken naar zijn Feyenoord.

Als man van de wereld kon Happel overal aarden. Rotterdam, Hamburg, Brugge. Het maakte niet uit; als er maar een voetbalclub was, een vast clubje kaartvrienden en een adres om pakjes sigaretten te kunnen kopen. Met filter. Roken deed je in stijl, toen. In de periode dat hij onvermijdelijk op weg ging naar zijn dood – Happel had longkanker – ging hij op controle bij een specialist. Hij had maar één verzoek: de dokter moest meepaffen.

'Twee zwarte koffie.' Het meisje zette de kopjes voor ons neer en liep weer weg.

Mannen op leeftijd met caps op krijgen iets wonderlijks; ze veranderen in stokoude Kruimeltjes, in eigenwijze Pietje Bells. Happel had het ding opgedaan omdat iedereen over zijn kale hoofd begon. In het ziekenhuis was hem destijds beloofd dat zijn haar zou terugkeren, maar nee.

We zeiden een tijdje niets. Hij keek naar de jonge mensen die aan tafel zaten met hun laptops en mobieltjes.

Uit verlegenheid begon ik te praten: 'Ik heb als twaalfjarige jongen op de Coolsingel gestaan, op 7 mei 1970. Met mijn rug tegen een betonnen pilaar van Slavenburg's Bank. Die balkondeurtjes van het stadhuis die opengingen, dat juichen van honderdvijftigduizend fans. Die middag heeft mijn jeugd in belangrijke mate gekleurd.'

Happel nam een slok koffie. Aan een trekje rond zijn ogen meende ik te zien dat hij zijn lippen brandde.

'*WC?*'

Stom. Het toilet was boven, op de eerste verdieping. Niet aan gedacht. Happel trok zich nog verbazend krachtig omhoog aan de leuning. Ik wees hem de deur en wachtte buiten. Toen het te lang duurde keek ik even om de hoek. Happel stond voor de spiegel, hij kamde de plukjes haar op zijn slapen. Ik herkende het oude kammetje. Hetzelfde model als waarmee hij na afloop van de Europacupfinale Celtic-Feyenoord live op televisie zijn toen nog volle haarbos achteloos naar achteren werkte. Er ontbraken nu een paar tandjes. Hij stak het weer in zijn binnenzak.

Met twee handen aan de reling gleed hij langzaam de trap af naar de begane grond. Happel bleef staan en keek me aan zoals hij vroeger journalisten aankeek bij een persconferentie. Ogenschijnlijk uitdrukkingsloos. In Brugge – waar hij na Feyenoord ging trainen – waren ze soms een beetje bang van de Oostenrijker. 'Dat haar, die ogen: hij lijkt op Beethoven,' zeiden ze in Vlaanderen.

Ik had het op een akkoordje gegooid met een bestuurder van een snelle watertaxi. Het bootje lag voor ons klaar in de Leuvehaven.

Trossen los. Leuvehaven uit, het bruggetje onderdoor bij monument De Boeg en de Maas op. De bestuurder gaf gas. De neus van de gele taxi ging omhoog, aan weerszijden spatte het rivierwater omhoog. Trots wees ik naar rechts.

'Erasmusbrug!'

Happel knikte plichtmatig. Het bouwsel zei hem niets. Hij wende zijn blik af en zocht juist naar links.

'Hij wil – denk ik – dat je omdraait,' riep ik naar de bestuurder.

De taxi maakte een U-bocht, de neus wees naar Rotterdam-Zuid. Naar Happels Rotterdam-Zuid. De rode pylonen van de andere stadsbrug kwamen in beeld.

'Willemsbrug,' riep ik.

Ik zag hem denken. Een brug voor Willem? Een snelle rekensom in mijn hoofd: Happel was al uit Rotterdam vertrokken toen de Nieuwe Willemsbrug in 1981 werd geopend. Hij was trainer van Feyenoord van 1969 tot 1973. Om het niet te ingewikkeld te maken, maakte ik er een leugentje om bestwil van.

'Ja ja, vernoemd naar Willem.'

Een mooiere haat-liefdeverhouding tussen een trainer en zijn topspeler was er in de Nederlandse voetbalgeschiedenis niet te vinden. Twee briljante voetbalgeesten, eigenwijs, slim, hun tijd vooruit. Als Willem van Hanegem een foto ziet van de zieke Happel moet hij nog altijd slikken.

Willem hield van Happel, zoals Happel van Willem hield. Willem verloor zijn vader vroeg als gevolg van het bombardement van Breskens in 1944, Happels ouders waren te druk met hun horecabusiness. De jonge Ernst groeide op bij zijn oma.

'*Alles gut mit der Willem?*' vroeg Happel.

'Met Willem gaat het prima. Hij geeft nog elke week zijn ongezouten mening. Hij is vaak eerlijk en kritisch over Feyenoord. Hard ook, als het moet.'

Happel stak een nieuwe Belga aan, nam een trek en keek tevreden hoe de rook werd meegenomen door de wind.

'*Hard is gut.*'

Zichzelf sparen wilde hij in zijn leven ook niet. Na twee maagzweren en decennialang voetbalstress was zijn lichaam op. Tegen *Der Spiegel* had hij gezegd: 'Ik wil alleen leven als ik gezond was. Ondergaan als de zon is niet interessant.'

De koude wind sloeg op zijn ogen; een traan trok een streep over zijn wang. Happel liet het maar zo. Ik moest niet denken dat hij emotioneel werd nu hij weer voor even in Rotterdam was. Emotie tonen kwam bij Happel op de laatste plaats. Vroeger zei hij bijna niets, deed hij bijna niets. Dat was zijn klasse.

Coen Moulijn, de linksbuiten van het gouden Feyenoord uit 1970, vertelde na zijn carrière dat hij nooit een gesprek gevoerd had met Happel. Alles ging in soundbytes avant la lettre.

In de rust na een matige eerste helft: 'Coentje, je kunt beter.'

Bij de traumatische wissel in De Kuip tegen Estudiantes voor de Wereldbeker riep Happel naar Coen: '*Setzen Sie sich*.'

Coen heeft nooit gehoord waarom hij werd gewisseld. 'Ik voelde me toen zo ellendig op de bank. Maar Happel was wel de beste trainer die ik heb meegemaakt.'

Ik vertelde de kleine tragedie aan Happel terwijl ik links aan de Maas de flat zag staan waar Coen zijn laatste jaren sleet. Happel: '*Was mich fasciniert is het unieke, das was ein Trainer nicht kan geben. Cruijff, Van Hanegem, Beckenbauer. Die menschen ziet man nicht meer. Coentje auch: vijf, sechs verschillende schijnbewegungen. Coen hat elke achterspieler weggetreibt*.'

In de verte moest Happel De Kuip kunnen zien liggen.

'Het stadion is verbouwd, zoals u ziet, meneer Happel. De bovenste ring heeft een overkapping en er is meer ruimte voor iedereen. Daarom zijn er nog maar zo'n 52.000 plekken. In uw tijd haalden ze de 67.000 toeschouwers. Er zijn plannen voor een nieuwe Kuip.'

Happel piekte zijn sigarettenfilter in het water en zag hem verdwijnen in een kolk achter de watertaxi.

'Houdt u Feyenoord nog bij?'

'Fernsehen ist overal, nicht?'

In zijn Rotterdamse tijd keek Happel thuis al uren achtereen voetbal op tv. Liever een tweederangs potje voetbal dan een speelfilm in de bioscoop. Je kreeg hem alleen uit huis voor een avondje gokken in het casino of een potje kaarten voor geld in zijn stamcafé 't Haantje op Rotterdam-Zuid.

Hoe zou hij het Feyenoord van nu vinden? Was de tactiek goed met Kramer in de spits, Botteghin als centrumverdediger en Vilhena als bedrijvige middenvelder?

In de kajuit haalde Happel met zijn zakdoek de waterspatten van het tafeltje dat precies het formaat had van een voetbalveld. Het pakje Belga kwam uit zijn binnenzak tevoorschijn. Hij nam drie filtersigaretten en legde ze achter elkaar op het tafeltje. Drie witte staafjes lagen in de as van het imaginaire veld. *'Tactiek, tactiek? Das ist der Coentje, der Rinus und der Willem.'*

Twee sigaretten verdwenen weer in het pakje. De derde stak hij aan. Hij inhaleerde, met een hoestbui als gevolg. Ik sloeg hem op zijn rug. Het voelde alsof ik met een vlakke hand op een lege kartonnen doos sloeg. Na een paar halen verdween de peuk overboord. Gedoofd in het water van de Maas.

We stapten uit de watertaxi en liepen naar De Kuip. Happel keek omhoog naar het stadion en wees naar het spandoek aan een stalen trap. Uitgevoerd in witte letters met een rode ondergrond, analoog aan het Feyenoord-tenue: *'Kein Geloel, Fussball spielen.'*

Aan lang praten had Happel altijd een broertje dood gehad. Soms was één woord afdoende. Toen Feyenoord in 1969 tegen AC Milan speelde voor de Europacup wilde hij de Italiaanse spelmaker uitschakelen. Hij wees naar middenvelder Wim Jansen en zei: 'Rivera.'

Jansen begreep de boodschap. Gianni Rivera raakte geen bal en Feyenoord ging een ronde verder.

Met zijn wijsvinger duwde Happel zijn mouw opzij en keek op zijn horloge. Een snerpend fluitgeluid kwam tussen zijn lippen vandaan. Spelers gehoorzaamden vroeger als trouwe honden op dat signaal, nu reed er een taxi tot aan de punten van zijn schoenen.

De oude chauffeur wist niet wat hij zag: 'Kijk eens aan, meneer Happel. Naar 't Haantje zeker?'

Met een zwaai gooide de chauffeur de deur achter de ingestapte Happel dicht en ging zelf achter het stuur zitten. Het zijraam gleed automatisch naar beneden. Hij zwaaide, met een slap handje. De taxi reed weg.

Over het lege plein kwam een jongen aangewandeld in een Feyenoord-thuisshirt van twee seizoenen terug.

'Wie was die man met die pet?'

'De beste trainer die we ooit gehad hebben.'

'Koeman?'

'Nee.'

'Verbeek?'

'Happel,' zei ik. 'Ernst Happel.'

'Nooit van gehoord,' zei de jongen.

'Geeft niet.'

De jongen keek me wezenloos aan en liep weer door.

Bij de Olympiatribune herkende ik de contouren van het ranke lijf van Coen Moulijn op een sokkel. Mister Feyenoord in brons gegoten. Binnen in het stadion stond ook een borstbeeld van Happel, wist ik. Twee grote Feyenoorders uit vervlogen tijden. De harten azen van hun tijd. Roerloos stonden ze, in de schaduw van De Kuip. Alsof ze – net als ik – terugdachten aan vroeger. Aan dat oogverblindende, onschuldige jaar 1970.

Ik hoorde Happel al brommen: '*Ach meiner Junge, das war einmal.*'

Barazite

Het douchen — met het onderbroekje aan — liet nog even op zich wachten. De moegestreden Nacer Barazite ging na zijn wissel op de bank zitten om het einde van de wedstrijd tegen Ajax mee te maken. Ik had de voetballer van FC Utrecht overal op het veld zien zwerven. Hij speelde een geweldige wedstrijd.

Barazite is een scharnier.

Met handig wenden en keren moet hij op het middenveld zorgen dat de bal bij een spits terechtkomt. Optisch zou je hem die wendbaarheid niet geven. Barazite speelt met een hoge rug, alsof er een zak kolen op ligt. Maar zijn techniek is vloeiend, hij maakt scharen over de bal en passeert makkelijk.

Utrecht was veel minder aan de bal dan Ajax maar maakte meer indruk met de speelstijl. Ik zag modern voetbal: snel, geen gelummel, vlotte een-tweetjes, trucs en de wil om richting het vijandelijke doel te gaan.

Mijn ogen zochten zo vaak als het kon naar Barazite. Waar hing hij nu weer uit?

Barazite trekt de aandacht vanwege zijn lange, vormloze baard. Anders dan bij hipstermodellen hebben de schaar en de tondeuse geen schijn van kans. De baard van Barazite heeft geen model; hij doet er niets aan.

Barazite had niet altijd zo'n baard. Hij werd geboren in Arnhem, speelde met gladde kin bij Vitesse, Austria Wien, AS Monaco en ging pas de laatste jaren aan de baard vanwege zijn geloofsovertuiging; Barazite is moslim. Dat was ook de reden dat hij eind vorig jaar FOX-presentatrice Hélène Hendriks geen hand gaf.

Na zijn doelpunt tegen Ajax werd hij gewisseld. Op de bank moest hij toezien hoe de Amsterdammers een 2-0 achterstand op het allerlaatste moment ombogen tot een gelijkspel: 2-2. Door een strafschop waarvan scheidsrechter Makkelie achteraf toegaf dat hij hem niet had moeten geven.

Bestolen, zo voelde FC Utrecht zich.

Barazite verscheen na afloop voor de camera, in zijn bezwete voetbaltenue. Eén grassprietje plakte op zijn voorhoofd, in contrast met zijn zwarte beharing. Over de rotsfeer in de kleedkamer kwam hij tegen verslaggever Jan Joost van Gangelen met een mooie zin: 'Kisten vliegen door de lucht, woorden vallen.'

Van Gangelen kreeg keurig een hand. Barazite vertrok naar de kleedkamer. Wat zou ik liever zien onder de douche: het schaamhaar van een blote Johan Derksen of Barazite met een sopbaard en een onderbroek aan?

Zo weergaloos als hij zondag speelde, gunde ik Barazite na de finale van de KNVB-beker zijn droom in een badruimte van De Kuip. Niemand in de buurt, ook geen camera's. Barazite met een grote grijns, piemeltjenaakt in het grote bad, alleen in het gezelschap van de beker.

Stinkende overall

Benzine heeft mijn favoriete geur. Altijd als ik klaar ben bij de pomp, breng ik de dop van de tank even naar mijn neus. Onweerstaanbaar en verslavend. Benzine prikkelt; het ruikt een tikje verboden, gevaarlijk en ongezond.

Max Verstappen heeft waarschijnlijk eerder geproefd van brandstof dan van champagne. In een filmpje van zes jaar geleden, loopt de elfjarige Max met een vieze poetsdoek rond zijn kart. Alles moet perfect in orde zijn. De kart is zijn huisdier; die moet je de hele dag aaien en verzorgen. Er gaat niets boven een goed afgestelde, schone carburateur.

Gewoon autorijden vindt Max saai. Hij wilde van jongs af aan in een lawaaiige bolide rijden, met een motor die zichzelf overschreeuwt als een puber op de eerste rij bij een popconcert.

'*A fairytale*,' zei de baas van Max. Ja, het voelde als een sprookje, om de achttienjarige Nederlander na afloop te zien staan: de jongste coureur ooit die een wedstrijd in de Formule 1 won. Helm af, handdoek door zijn bezwete haar, slokje water en een begroeting met viervoudig wereldkampioen Vettel.

Maar het was gewoon het resultaat van een doordacht plan tussen vader en zoon. Een jarenlange missie. Racen, leren, afstellen, trainen, uitrusten.

'Is je vader trots op je?'

'I think so. Dad helped me a lot.'

Vader Jos had van de zenuwen een bloedneus gekregen en wist van geluk niet meer wat hij moest zeggen. Dit span kent elkaar door en door. En racen gaat voor alles. Later zullen familieleden pochen dat Max als baby eerst het woord 'papa' uitsprak en meteen daarna 'onderstuur'.

Het was lang geleden dat ik zo ingespannen naar een Formule 1-race keek. Vier coureurs hadden tot in de laatste ronden kans om te winnen. Op tv zie je de snelheid er soms niet aan af, maar wel de stuurmanskunst. Max Verstappen trok ideale lijnen over het asfalt, waar hij alleen van afweek om zijn belager Kimi Räikkönen van de eerste plek af te houden.

Dit was een magisch moment in de sport.

Max werd na zijn winst een mythische figuur. Zoals voetbalsupporters vroeger het gras uit een veld trokken waar Johan Cruijff had gescoord, zo holden fans nu over het circuit om een stukje losgeraakt rubber van de banden van Max als een souvenir in hun zak te stoppen.

Ik keek naar zijn gezicht: zo jong en energiek, zonder een spoortje van cynisme nog. Geen angst, vrij als een vogel terwijl het publiek hem aangaapte.

Uiteindelijk stond hij alleen op het hoogste platform. Met zijn stinkende overall als tweede huid nam Max Verstappen een teug uit een grote fles champagne en keek de wereld in als een volwassen bink.

Hij had alweer zin om te racen.

Ach god, dood

Op het trottoir lag een ingedeukte vogel. Een stelletje hield de pas in. 'Ach god, dood. Wat is het?' vroeg de vrouw. Haar vriend wist het antwoord niet. Ik liep net langs, richting het beste Chinese restaurant in het centrum van Rotterdam.

Het beest was te groot voor een spreeuw, te klein voor een eend. Heel even dacht ik aan een patrijs. Maar hoe kwam een patrijs van een akker op stoeptegels terecht in hartje Rotterdam?

Neergeschoten? Aangereden?

De dode vogel bleef alleen achter op straat.

Nog geen uur later zette ik mijn tanden in de Golden Duck of China – nummer 47 – geroosterde Pekingeend, geserveerd met de aardappel van de tropen. Heerlijk vlees, krokant vanbuiten, zacht vanbinnen.

Het was de dag voor Pasen. Ik zou ook kunnen schrijven; het was een paar dagen na de dood van Johan Cruijff. Op televisie stopte bij stadion Camp Nou in Barcelona een man in een scootmobiel. Hij keek naar een foto van Cruijff, die met een bruine voetbal in zijn handen naar de lens lachte.

Nummer 14 leek los te komen van zijn afdruk. Het was bijna onmogelijk om hem dood voor te stellen. Vanuit stilstand schoot het ranke lijf steeds weer in een flits voorbij, met de bal aan de voet.

Van de familie Cruijff kregen we een intiem bericht:

Johan was al gecremeerd. In de traditie van de versnellende Cruijff hadden we allemaal het nakijken. Hij was niet te vroeg, niet te laat, maar weer precies op tijd vertrokken.

Toen kwam Tweede Paasdag. De klok was een uur versprongen, mijn lijf wilde nog niet helemaal mee in het nieuwe ritme en op de plank in de keuken lag het restant van het paasbrood er verloren bij.

Ik zette de televisie aan en hoorde dat de wielrenner Antoine Demoitié was overleden. Hij was tijdens de semiklassieker Gent-Wevelgem aangereden door een motorrijder nadat hij zelf was gevallen. Er was geen foto en ik hoefde het ongeluk ook niet te zien.

Wielerdoden lijken op elkaar.

Bruut van de fiets gesleurd; geknakt, in een vreemde houding.

Een wielrenner hoort niet roerloos te blijven liggen op een doorgaande weg; asfalt is gemaakt voor het rubber van wielen, niet voor de opperhuid van de mens.

'Verschrikkelijk om zo wakker te worden,' meldden renners uit het profpeloton. Ze zagen zichzelf liggen. Boos over de ongelijke strijd tussen motor en fiets. Het probleem van het verschrikkelijke wakker worden is dat je – met je laagste hartslag – weet dat je moet opstaan.

Wachten op je einde heeft geen zin.

Ik dacht aan de patrijs, Cruijff en de wielrenner en ging eens flink inzetten op het leven. Dat verdiende de dood wel een beetje.

De zwevende rib

Verbluffend hoe rustig Steven Kruijswijk op zijn zadel zat tijdens de klimtijdrit in de Giro d'Italia. Ogenschijnlijk deed het stijgingspercentage hem niets en voelde hij geen vlammen in zijn benen.

Voor hem reed Vincenzo Nibali. De Italiaan had allesbehalve een perfecte aerodynamische houding. Geen vlakke rug. Het hoekige communicatiekastje onder zijn shirt stak te ver uit. Het deed denken aan een mobieltje, of erger: een pakje sigaretten, met filter.

Langs de kant van de weg had het publiek geen oog voor detail. Zodra de fans Nibali herkenden sprongen ze als gekken over de hekken om hun held aan te moedigen. Ze schreeuwden en dansten in euforie.

Ik zag een man met een opblaashaai, twee indianen, iemand met BAGGIO 10 op een voetbalshirt, een ander met PANTANI VIVE als opschrift. En, heel treurig, een man in een string. Terwijl Nibali worstelde met de klim had hij secondenlang uitzicht op een paar witte mannenbillen.

Op een vlakker stuk van het parcours schakelde de Italiaan verkeerd. Zijn ketting liep eraf. Al rijdend probeerde Nibali het malheur te verhelpen. Het ging van kwaad tot erger. Zijn derailleur schoot los. Hij stapte af en gooide zijn fiets in de berm.

Nibali met kettingvet aan zijn handen, op wat hij zijn 'zwarte dag' noemde.

Ondertussen bleef Steven Kruijswijk rustig, alsof hij in een cocon zonder weerstand zat. Alles stond ten dienste van een pedaalslag die er makkelijk uitzag maar ondertussen bijzonder krachtig was.

Kruijswijk is afgetraind. Terwijl hij omhoog reed, kon ik door zijn shirt heen alle ribben tellen, tot aan de kleine zwevende toe. Zijn nieren, longen en het hart leken aanraakbaar. Niets blijft verborgen en daarom oogt Kruijswijk zo betrouwbaar.

De Italiaanse fans lieten de Nederlander onderweg met rust. Dit standbeeld van kalmte kon toch onmogelijk over een weekje in Turijn in de roze trui staan? Maar Kruijswijk won alweer veel seconden op al zijn concurrenten.

Achter het erepodium wachtte hij met oplopen tot hij zijn naam tussen het Italiaans hoorde: '*Signore, signori*: Steven Kruijswijk!'

Wie Kruijswijk voorbij zag komen, kreeg een bont palet voorgeschoteld: een roze trui, roze lippenstift op rode konen, oranje haar, bruine sproeten, gele handschoenen, een celestekleurig frame. Het verlegen gezicht van Kruijswijk stak er bescheiden bij af.

Maar binnen in dat tanige lijf zat een vechtersbaas die niet wenste op te geven.

Ondertussen heeft de rozetruidrager nog een week om te leren hoe je een champagnefles ontkurkt. Of deed Kruijswijk expres onhandig en zal hij pas na de slotetappe in Turijn het ijzerdraadje rond de kurk de goede kant op draaien om de rondemissen met hun obligate zoentjes nat te kunnen spuiten?

Een man in roze mag tenslotte alles in Italië.

Het is Ronaldo

Vlak voordat hij de strafschop nam, wreef Ronaldo een keer over zijn glanzende haar. Het moment bleef niet onopgemerkt en werd herhaald op televisie. De verslaggever begon na de misser over ijdelheid. Hij had gelijk, Ronaldo heeft maniertjes.

So what? Ik ben al jaren een liefhebber van Ronaldo. Hij is de personificatie van het moderne voetbal, binnen en buiten het veld.

Vanaf zijn doorbraak bij Manchester United leeft Ronaldo in een opgefokte, poenerige wereld waarin iedereen iets van hem verwacht. Hij moet altijd steengoed zijn, netjes parkeren, veel doelpunten maken, handtekeningen zetten, geld overmaken naar goede doelen en stomme vragen beantwoorden.

Op het veld voelt hij zich vermoedelijk nog het meest vrij. Maar ook daar weer die loerende ogen, de meningen achteraf.

Als nou iemand het recht heeft om gedeformeerd gedrag te vertonen, is het Ronaldo wel. Ik snap die reuzenkoptelefoon op zijn hoofd, de afgemeten passen achteruit bij een vrije trap. Ik snap hoe hij zich verlekkert aan zijn eigen spiermassa: hij heeft er verdomme uren zwetend voor in de gym gezeten.

Zelfs zijn ondergoedlijn begrijp ik, al draag ik een ander merk.

Ronaldo toont dat topvoetballers soms ten prooi

vallen aan overexposure, zo erg dat ze erin geloven uitverkoren te zijn.

En toch, Ronaldo-haters, probeer het nog één keer met die Portugese ijdeltuit.

Kijk eens hoe hij bij corners hoog boven de verdedigers uittorent. Na een krachtige afzet hangt hij even stil in de lucht. De zwaartekracht lijkt uitgezet. Het voorhoofd kletst tegen de bal en draait een kwartslag naar het doel.

Meet de snelheid van de bal als hij hem vol met de wreef raakt. Hoe achteloos en snel hij passeert, met en zonder schaar. Hoe zijn hele lijf de drift voelt om aan te vallen. Om te scoren, nee, niet een ander, maar hij.

Na afloop van de wedstrijd tegen Oostenrijk nam Ronaldo een supporter in bescherming die op het veld was gesprongen om een selfie met zijn held te maken. De fan kreeg van de zenuwen zijn mobieltje niet in de goede stand. Ronaldo sloeg zijn arm om de jongen heen en wachtte geduldig.

Ik smolt en tegelijkertijd dacht ik: hij doet het erom. Ronaldo stelt me nooit teleur. Theatrale onzin wordt afgewisseld met geniale voetbalmomenten. Dit EK speelt hij óf de onaantastbare ster, óf de gevallen held. Voor beide rollen is hij geknipt.

Nu even weg met de camera's en microfoons.

Gun Ronaldo een solo in zijn hotelkamer.

Naakt voor de spiegel, genietend van zichzelf trekt hij een schone slip aan en schuift in bed. Lampje uit, handen gevouwen tussen de machtige dijbenen en dromen, het liefst over zichzelf. Over wie anders?

Hij is geniaal, weerzinwekkend, eenzaam, irritant, sterk, zacht en hard.

Het is Ronaldo.

Ondertussen in Turijn

In de Italiaanse sportkrant stond een verhaal met campionissimo Felice Gimondi. Hij genoot van de Giro en vond Kruijswijk 'un duro', een harde.

De allerhoogste baas van de politie kwam aan bij de bus. Hij droeg een streng uniform waar Mussolini zeer content mee zou zijn geweest. In een papieren zakje had hij een imitatie-roze trui. Of Kroeiswieke er een handtekening op wilde zetten: voor Andrea. De capo di tutti capi bleef een kwartier wachten en liep als een kleine jongen met zijn trofee terug naar het hoofdplein.

De fiets van Kruijswijk stond klaar achter een afzetlint. Geen roze accenten. De mecanicien had als kleinste voorblad 39 tandjes gemonteerd, achter 28. Daar ging Steven het dak van de Giro mee beklimmen.

Maarten Tjallingii liep met een grijns rond. De Jumbo's hadden de afgelopen dag laten zien dat ze heus wel een sterke ploeg hadden. Hij was met 56 in het uur op kop door een dorpje geraasd. De ploeg van Alejandro Valverde smeekte of het wat rustiger kon.

Het was zover, op naar de start.

Bram Tankink begeleidde de rozetruidrager naar het startpodium. Na het tekenen wachtte hij achter het peloton op het startschot. Hij had vandaag voor het eerst de indruk dat Steven gespannen was. Zijn kopman werd door een official langs alle renners naar voren geleid. De vierkante schouders verdwenen tussen het peloton. Aftellen naar nul.

Het startschot. En weg was de roze trui. Ik reed naar hotel Roma in Turijn, waar zondag de Giro finisht – om televisie te kijken. Steven Kruijswijk reed de Agnello op. Sterk, geconcentreerd, berekenend. Andere renners moesten iets ondernemen, hij niet. Een fotograaf had me verteld dat er niets ging boven de roze trui langs een muur van sneeuw. Hij had gelijk.

Het dak van de Giro.

Nibali deed handig een wit jasje aan en begon aan de afdaling. Kruijswijk nam een bocht niet goed en moest corrigeren. Fiets tegen de witte muur. Stuifpoeder, alsof er geschoten was. Een salto mortale. Maar Kruijswijk stond op en reed door. Roze stak inderdaad mooi af tegen sneeuw.

Winnaar Nibali en verliezer Kruijswijk hingen na afloop alle twee over hun stuur. Alleen met een stilstaande fiets.

De tv kon uit.

Ik liep over de Via Roma naar Piazza San Carlo, waar onder de bogen van de galerij foto's hingen van oudwinnaars. Coppi, Merckx, Indurain, Tonkov, Pantani, Saronni. Ze droegen allemaal de roze trui. Ik ging naast een pilaar zitten waar nog een plekje vrij was voor een foto van de winnaar van 2016 en bestelde een espresso.

De olieachtige substantie verdween in mijn keel. Ik keek uit over het plein en wist even niet wat ik in Turijn te zoeken had.

Zaza

Alleen de eerste en laatste letter van het alfabet zitten in zijn naam. Zaza. Spreek het uit en voetballiefhebbers grijpen naar hun hoofd. Arme, gekke, clowneske, dansante Zaza. De Italiaanse aanvaller viel op het laatste moment in tijdens de kwartfinale tegen Duitsland op het EK. Met nog een minuut te spelen had hij graag even tegen een bal geschoten, maar de scheidsrechter floot af.

Zaza's eerste serieuze trap werd een dramatisch gemiste penalty.

De aanloop duurde negentien pasjes lang; ik heb ze geteld. Het leken pasjes van een onontdekt dier dat opviel door het merkwaardig hoog optrekken van de poten. Het was een mix van *Freeks Wilde Wereld*, *Monty Python* en *Jiskefet* in een strenge choreografie van Pina Bausch.

De staccato bewegingen van Zaza kreeg ik niet meer uit mijn hoofd. In bed probeerde ik 's nachts mijn zinnen te verzetten en dook in de indrukwekkende verhalenbundel *Vossenjagers* van de Amerikaan Breece Pancake. De juiste concentratie ontbrak. Ik deed het boek weg en knipte het lampje uit.

Daar waren ze weer, de negentien pasjes van Zaza.

Zo kinderlijk, dreutelig en onbeholpen. In het pikkedonker voelde ik het opkomen: een schuddende buik van het lachen. Tranen op mijn kussen.

Zaza moest onderweg naar de bal het spoor bijster zijn geraakt. Had hij dit plan vooraf bedacht? Speelde een belofte aan vrienden mee dat hij *'for something completely different'* opteerde?

Zijn krankzinnige aanloop werd geannexeerd door voetbalfans. Ze raakten er opgewonden van. Dat zegt iets over de staat van het voetbal op het toernooi. De wedstrijden zitten vol laf voetbal en de tactiek regeert. Geen aanvaller durft vol risico spelers te passeren.

Het EK is veelal saai geweest.

Eindelijk was daar Zaza, de man die alle voorgeprogrammeerde ellende op het voetbaltoernooi in één klap wilde wegvagen en zo graag in het rijtje der genialen wilde belanden. Eerlijk is eerlijk, hij kwam in de buurt. Was zijn penalty erin gegaan, dan was hij als een nieuwe Panenka op een voetstuk geplaatst.

Het is een lange weg voor een voetballer naar een bal op een strafschopstip. Een meter of vijf. Dat lijkt niets, maar is genoeg voor kortsluiting in het hoofd. Zaza's penalty ging over, hoon viel hem ten deel.

Nu ik uitgelachen ben, moet ik bekennen dat ik langzaam begin mee te leven met Zaza. Hoe moet het verder met de eenzame schlemiel uit het nietige Zuid-Italiaanse Policoro, waar volgens Wikipedia 'de akkers vooral veel aardbeien voortbrengen'? Kan hij nog over straat zonder nagedaan te worden?

Zaza is de aanvaller die een aanloop voor een penalty in negentien passen tijd transformeerde tot een moderne dans die hij zelf niet helemaal begreep.

Laten we hem in bescherming nemen, als een moedige eenling in de slaafse voetbalwereld.

Britse kaakjes

Tijdens de slakkengang naar Parijs nam Chris Froome de tijd om zijn hele team te bedanken. De ploegmaten gingen over de breedte van de weg fietsen, met beide handen op elkaars schouders. Daarna kregen ze een Belgisch biertje. Froome zette het flesje voorzichtig aan zijn mond.

Het slokje was te zuinig om te hoeven slikken.

De drievoudig winnaar van de Tour de France wordt vaak een gebrek aan uitstraling verweten. En juist nu heeft de ouderwets aandoende wielersport behoefte aan nieuwe glans.

Ik twijfelde ook vaak aan Froome. Zijn onooglijke stijl – een waggelend hoofd, armen zo dun als stokken, hoge trapfrequentie – was me een doorn in het oog. Hij reed me ook te defensief en zijn teksten achteraf waren voorspelbaar. Maar tijdens de afgelopen Tour toonde Froome onverwachte kwaliteiten.

Afdalen kreeg een nieuwe dimensie; met je kont op het frame zitten en in volle vaart bijtrappen. Froome met deze techniek was niet bij te houden. Op de finishlijn balde hij een vuist: hij durfde verdomme wél iets bijzonders te ondernemen in zijn eentje.

Froome werd meer wielrenner in plaats van fietsstrateeg. Hij kan nog wat opsteken van Peter Sagan. De Slowaak is een geweldige winnaar én verliezer, onaangepast, betrokken en een tikkeltje raar. Sagan is de ideale wegberijder van de wielersport.

Froome doopt Britse kaakjes in de thee, Sagan slaat met een sabel de kop van een champagnefles en zet de kapotte hals aan zijn mond.

In de bergetappes omringde Froome zich met de klasseknechten van Team Sky. Hun regie was perfect en onverbiddelijk. In de laatste week was Wout Poels een grote steun voor Froome. Poels als grote broer, zorgelijk omkijkend als zijn kopman het moeilijk had. Na iedere zware bergrit kreeg Poels van zijn kopman een knikje of schouderklopje.

Na het hartstochtelijk falen van Bauke Mollema ('Ik heb het verneukt') keken Nederlandse wielerfans naar Poels. Hoe zou hij gereden hebben als kopman? Die gedachte is pure luxe voor de toekomst.

Slechts één keer was Froome de weg kwijt, in de laatste kilometers van de beklimming van de Ventoux. Geen knechten meer in de buurt, geen ploegleiderswagen en zelfs geen fiets, die na een val kapot op het asfalt lag. Froome raakte in paniek en zette het op een lopen.

De Tour is mooi als het man tegen man wordt, maar mooier nog is: één man in gevecht met het asfalt.

Minutenlang heb ik met mijn handen op mijn hoofd zitten kijken naar een hollende geletruidrager. Een wielrenner zonder fiets, ploeterend tussen een haag van mensen. Het was hét enerverende moment van deze Tour. Het draagt bij aan de lange, dramatische geschiedenis van de Ronde van Frankrijk.

Ik vergeet die passen nooit meer.

Met dank aan de ooit voor 'saai' versleten Chris Froome.

Moord

Bij het opruimen van m'n boekenkast vond ik een oud plakboek onder een stapel fotoboeken. Op de voorkant waren vijf identieke stickers geplakt met als opschrift: MÜNCHEN 1972. Als veertienjarige jongen wilde ik als thuisverslaggever de Olympische Spelen bijhouden. Op de eerste pagina schreef ik mijn introductie: 'De Spelen gaan ongeveer zestien dagen duren. Enkele bouwwerken zijn als eerste natuurlijk het schitterende stadion en natuurlijk het grootste dak ter wereld.' Kromme zin, twee keer 'natuurlijk'.

Ik las verder: 'Het enige nadeel van dit dak is dat de kosten veel te hoog waren in verhouding met de van tevoren beraamde kosten.'

Geen geweldige zin, maar het journalistje in wording toonde een licht kritische houding. Toen was er kennelijk ook al gedoe met financiën rond grote sporttoernooien.

Het plakboek is opgefleurd met uitgeknipte kleurenfoto's van de accommodatie: het beroemde dak van plexiglas boven het stadion in München, de groene weides en de wielerbaan.

Op de draagbare Triumph-typemachine van mijn vader tikte ik in mijn kamertje rijtjes met de belangrijkste wereldrecords: 9,9 seconden voor sprinter Hines, 8,90 meter voor verspringer Beamon en 51,0 seconden voor de 400 meter van hardloopster Neufville.

Het oogt allemaal toegewijd en secuur. Zo te zien had ik zin in de Olympische Spelen in West-Duitsland. Op de velletjes met de uitslagen kon ik me niet meer inhouden als een Nederlander goed presteerde. Op donderdag 31 augustus 1972 tikte ik met hoofdletters: RUSKA VERSLAAT GLAHN OP IPPON. RUSKA!!! GOUD.

Opeens volgden twee blanco pagina's in het plakboek. Ik sloeg om. Op de volgende bladzijden stonden met woeste hanenpoten twee woorden geschreven, in potlood: MOORD, en nog eens MOORD. Het waren de laatste werkzaamheden als junior verslaggever van mijn eerste Olympische Spelen.

Ik herinner me nog hoe ik verslagen met mijn ouders voor de tv zat. Op de elfde dag gijzelden gewapende mannen van de Palestijnse beweging Zwarte September de Israëlische ploeg in het olympisch dorp. Er liep iemand met een bivakmuts op een balkon. Elf sporters kwamen om het leven. Terroristen marcheerden mijn schone wereld binnen. De olympische vlag hing halfstok. In een stadion bedreef IOC-voorzitter Brundage politiek door na de slachtpartij voor het oog van de wereld te zeggen: '*The games must go on.*'

De moed het toernooi voortijdig te beëindigen was er niet.

Na de fatale gijzeling bleef mijn plakboek dicht en het verdween uit zicht. Hebben de Spelen na die elfde dag in München voor mij hun onschuld verloren? Of gebeurde dat vier jaar eerder in Mexico, toen de jongens van Black Power hun zwarte handschoenen tot vuisten balden?

Het zou zomaar kunnen.

Het boze woud

Vuile, schitterende olympische kloteberg met je ondoorgrondelijke woud. En ik was al heel stilletjes van je gaan houden. De tekenaar van het bedwelmende wielerparcours in het achterland van Rio had je achteraan in de rij van obstakels gezet. Het mannenpeloton mocht het eerst met je kennismaken. Wanhopig probeerden ze aan te vallen op de steile stukken. Maar je was onbarmhartig.

Een berg moet je respecteren, zeker in bijgelovig Brazilië.

Ook al ben je overwoekerd door takken, bladeren, riet, varens en weet ik wat nog meer, de stenen Jezus op de berg in de verte kijkt dwars door alles heen en straft genadeloos. Zijn armen staan wagenwijd open voor de hele wereld, maar een wielrenner omhelzen kan hij niet.

Hoe hard de motor met televisiecamera ook afdaalde, hij raakte het zicht op de drie koplopers kwijt in de bochten van het dichtbegroeide woud.

Verdomme, waar waren Nibali, Henao en Majka?

Cameramensen, volgwagens, televisiekijkers: ze waren het spoor bijster. Allemaal een beetje gek geworden door de kilometers in die donkere tunnel van bladeren.

Vertraagde beelden vertelden het verhaal: een rollende bidon over het asfalt, een kapotte fiets met een versufte renner ernaast. Sergio Henao gevallen. Vincenzo Nibali was maar op de hoge stoeprand gaan zitten.

Gebroken botten, gesneuvelde reputaties.

De vrouwen waren gewaarschuwd. Je moest uitkijken met jou, smerige helling. Annemiek van Vleuten hoef je niet te vertellen wat onheil is. Ze heeft vanaf haar zadel genoeg malheur meegemaakt. Op de helling trok ze ten strijde, het was machtig om te zien. Alleen nog even afdalen van jou, gemeen gedrocht met je bemoste stoepranden uit een andere eeuw en dan: olympisch goud.

De motor met camera hield haar bij. Het zwarte slingerpad naar beneden. Het tropische woud flitste aan Van Vleuten voorbij. Dit was eigenlijk terrein voor handige slingerapen. Van Vleuten zat vast op een racefiets.

Sneed ze de bochten scherp genoeg aan?

Verdomme, regenspatten op de lens.

Uitkijken.

Je kon het aan alle koppen zien, bij de mannen en de vrouwen: dit sprookjesparcours zoog alle energie uit je lichaam. Overschatting werd in de zware rondtocht afgestraft met terugval, overmoed beloond met een smak in de goot.

Van Vleuten begon aan een lastige bocht. Het ging zozo. Het achterwiel gleed onder haar weg. Redden wat er te redden valt. Niets dus. Een smak. Weer die hoge stoeprand. Roerloos bleef Van Vleuten liggen.

De eerste achtervolger zag het besmeurde oranje shirt liggen, remde en gleed langs. Ze dacht dat ze goud kon winnen. Ten koste van alles en iedereen.

Iedereen wachtte op een teken van leven.

Van Vleuten, alsjeblieft.

Het duurde me te lang. Ik kon niet meer genieten van de verrassende gouden sprint van Anna van der Breggen. Er zat een knoop in mijn maag die pas verdween toen ik hoorde: Van Vleuten bij kennis, ze heeft iets gezegd, ze is stabiel.

In het achterland van Rio ruiste de tropische begroeiing van het boze woud. Vogels draaiden een rondje boven de kruinen van de bomen.

Jij vuile, oude berg won het van de haastige mens.

Ik neem het op voor Yuri

Laat op de avond zat ik een stukje te tikken over Yuri van Gelder. Hij moest nog een week wachten voordat hij in de olympische finale kon turnen. 'Verveling ligt op de loer,' schreef ik. En ook dat ik hoopte dat Yuri zijn oefening aan de ringen zou eindigen zonder nahup. Dat bezorgde hem te veel aftrek van punten.

Al mijn woorden konden de volgende ochtend bij het grootvuil. Ik lag nog in bed en las op mijn mobiel het bericht dat hij de Spelen moest verlaten vanwege ontoelaatbaar gedrag.

In de tijd dat ik het televisieprogramma *Holland Sport* maakte, heb ik Yuri van Gelder een paar keer ontmoet. Mijn indruk? Een aardige jongen met een licht onzekere oogopslag. En een manisch sporter met een ijzeren discipline tijdens de training in een turnzaaltje, een plek waar ik al na een week tegen de muren zou vliegen.

In Brazilië wachtte Yuri op zijn olympische droom. Hij wilde aan de ringen hangen in de finale. Maar zover kwam het niet, Yuri moest de Spelen verlaten 'wegens ontoelaatbaar gedrag' in zijn vrije tijd in Rio.

Yuri turnt al sinds zijn vijfde. Waar een ander dagelijks zijn partner of huisdier begroet, zegt Yuri 'goedemorgen, jongens' tegen twee houten ringen.

Zijn lijf is zo hard als gewapend beton; de zwakte schuilt in zijn hoofd. Dat wist hij, dat wisten mensen om hem heen. Hoe sterk hij ook was in lichamelijke zin, sinds hij bekende verslaafd te zijn aan cocaïne en moest afkicken, ging hij door het leven als 'die turner met zijn witte lijntje'. Het is een gruwelijk gegeven voor een topsporter: je ziet er onaantastbaar sterk uit, hangt moeiteloos secondenlang in de ringen, maar de buitenwereld denkt alle rotzooi erbij.

Het idee dat Yuri van Gelder vastzat met een gordel in een vliegtuig van Rio naar Nederland bezorgde me hartzeer. Kwalificaties als 'dom' en 'zielig' zijn niet afdoende om iemand in zo'n situatie te typeren. Ik waag me er in ieder geval niet aan, ik ken hem maar een beetje.

Vragen spoken door mijn hoofd:

Waarom mag de Braziliaanse voetballer Neymar tijdens de Spelen ongestraft in een nachtclub rondlopen?

Waarom is biermagnaat Heineken de sponsor van het Holland House?

Wat zou ik doen als ik na jaren van hard trainen eindelijk in de finale van de Olympische Spelen sta? Hoe zou ik de spanning op een groot toernooi combineren met zaken die mijn geest verruimen en hem even lucht geven?

De antwoorden moeten van Yuri van Gelder komen. Hij mag ze ook voor zichzelf houden. Niet alles van een sporter gaat ons aan.

Ja, ik neem het op voor Yuri, wat er verder ook nog als een soort van sensationele nahup naar buiten komt over zijn nacht in Rio. Waarom? Ik heb een zwak voor iemand met een zwakte. Een zwak voor iemand die vlucht uit de zwaarte van zijn bestaan.

Stropdas

Als Ajax niet goed speelt noemen Ajacieden dat 'Ajax-onwaardig'. Het klinkt altijd een tikje geparfumeerd. Er is kennelijk iets unieks dat voor Ajax staat en zeer waardevol is. Aanvallend en oogstrelend voetbal met een *touch of arrogance*, vermoed ik.

De nieuwe trainer van de Amsterdamse club is nog lang geen Ajacied – er zijn zelfs fans die in hem een Rotterdamse kakkerlak blijven zien – maar ook hij, Peter Bosz, had onwaardige zaken gezien.

Zeer Ajax-waardig is het woord crisis. Na het mislopen van de Champions League en de verloren thuiswedstrijd tegen Willem II liet iedereen de schouders zakken. Vooral technisch directeur Marc Overmars moest het ontgelden. De vrije, dartelende buitenspeler van weleer gaat tegenwoordig door het leven als een schichtige marter.

In de zomer hield hij zo'n vijftig miljoen over aan spits Arek Milik en keeper Jasper Cillessen. Je zou zeggen, dan leun je met een glas wijn achterover en blader je eens door het aanbod van beschikbare toppers. De middenvelder Hakim Ziyech zette zichzelf al een tijd in de etalage. Maar tot voor kort haalde Overmars zijn neus voor hem op. Nu het nog een paar dagen stormt op de transfermarkt en Ajax wellicht een middenvelder als Bazoer kwijtraakt, meldde Ajax zich alsnog bij FC Twente.

Overmars stond voor de NOS-camera en zocht naar de juiste woorden. Hij vertelde niet hartstochtelijk hoe graag hij Ziyech wilde, hoe oogstrelend die jongen voetbalt. Nee, meel in de mond. Genoeg voor een heel brood.

Ik keek naar de clubstropdas van Overmars, dezelfde als Peter Bosz moet dragen. De stropdas is gemaakt van een grijze stof, die me doet denken aan de bekleding van een oude tweezitsbank. De stof lijkt een verwijzing naar de seventies. In die periode speelde Ajax zeer Ajax-waardig; het rondspelen bestond nog niet.

Overmars vertelde dat het altijd crisis is als Ajax twee keer achter elkaar verliest. Gisteren speelde het gewraakte team een felle wedstrijd tegen Go Ahead Eagles en won met 0-3. De ergste crisis leek bezworen. Trainer Peter Bosz zag meteen minder pips, al was er geen bevrijdende lach te ontwaren.

Marc Overmars moet de komende dagen nog onderhandelen. Speler weg, speler erbij. Handjeklap met de clubs, de bank bellen, handtekening zetten en vanaf de tribune toekijken hoe de nieuwe garde het doet. Zal Ziyech een crisis kunnen bezweren als Bazoer wegvalt?

Overmars zal woelen in zijn mandje.

Door het staren naar de retrostropdas moest ik denken aan Ton Pronk, de sobere verdediger die in vroeger tijden (1960-1970) voor Ajax speelde. Hij overleed deze week op vijfenzeventigjarige leeftijd. Na zijn carrière bleef hij als scout aan de club verbonden. Zeer trouw en Ajax-waardig. Pronk geldt als de ontdekker van Litmanen en Ibrahimović.

Ja, dan doe je goed voor je club.

Adductoren

Door loting was haar baan 9 aangewezen. Dafne Schippers, verbannen naar de vluchtstrook. Links van je raast het verkeer voorbij, rechts ligt een niemandsland. Een paar minuten voor de olympische finale op de 100 meter zag ik Schippers terugwandelen naar het blok, na een proefstart die grotere betekenis had dan de hele wereld kon vermoeden. Al een paar dagen had ze – zo bleek later – last van haar linkerlies. Ze had snel nog even getest hoe dat opspelende kreng zich hield.

Er lag iets kleins op haar baan. Een aangewaaid papiertje wellicht. Bij het teruglopen schopte ze ertegenaan. Het leek toen op het streven naar perfectie. Een schone baan. Alles moet kloppen. Zoals Schippers ook de nummerstickers op haar dijen deels onder haar broekje deed om te voorkomen dat ze los zouden fladderen.

Door de lach op haar gezicht na de series had ik goede hoop, na de verbeten laatste meters om concurrente Shelly-Ann Fraser-Pryce bij te houden kreeg ik twijfel. In de finale ontbrak de ontspanning.

Schippers had besloten de blessure stil te houden. Ze liep rond met een geheim terwijl de kwaliteit van haar sprint juist was dat ze nergens aan hoefde te denken.

Alleen maar zweven en genieten.

Na een dagje speculeren kwam de bron van ellende

naar boven: Schippers had last van haar 'adductoren'. Meteen de medische encyclopedie opengeslagen. Waar zaten de lastpakken verscholen die het nationale volksfeest verstoorden?

Ik zag ze als rode streepjes op het plaatje afgebeeld, tussen bovenbeen en romp: de adductor longus, adductor brevis, adductor magnus. Dat die elastiekjes het uitgerekend in de tweede week van augustus 2016 lieten afweten.

Met de wetenschap van de blessure, de onrust in haar hoofd en de verbanning naar de buitenbaan was de tijd van Schippers nog heel goed. Nooit had een vrouw goud gewonnen vanuit baan 9. Fanny Blankers-Koen, Gail Devers, Marion Jones, Shelly-Ann Fraser en nu Elaine Thompson: ze liepen naar hun olympische overwinning in het centrum van de baan.

Schippers' slechte humeur na afloop was voorstelbaar.

'Superkut,' zei ze, tot drie keer toe.

Het is allemaal de schuld van de adductoren. Het woord ging me steeds meer tegenstaan. Adductoren, het deed denken aan een benaming voor op tilt geslagen prehistorische wezens uit *Jurassic Park*.

Tijdens een training van Dafne Schippers heb ik kunnen zien hoe efficiënt de fysiotherapeuten te werk gaan. Een paar aanwijzingen van haar en ze wisten waar ze het moesten zoeken. Drukken, masseren, trekken en het ging al beter. Ze zullen de adductoren aanvallen, met hun duimen en vingers.

Verlost van pijn blijft Schippers kanshebber voor een medaille op de 200 meter. In baan 4, het liefst met slapende linkerlies.

Een zwarte paraaf op het asfalt

Oud-coureur en Formule 1-watcher Jan Lammers is een aardige man en zeer bescheiden van aard. Hij had Max Verstappen als tweede zien eindigen tijdens de GP in Maleisië en vond dat de Nederlandse rijder zich 'heel volwassen' had gedragen.

Lammers was niet de enige. Meer oudere volgers vonden dat hun 'Max' zich een goed verliezer toonde. Wat? Was Max Verstappen opeens volwassen geworden? Hij werd onlangs negentien jaar, ja. Maar achter het stuur zat toch nog altijd een jonge jongen met onrust in zijn kont. De adrenaline en endorfine gieren iedere race door zijn gestel.

Verstappen is vleesgeworden 'speed'.

De jonge coureur schudde in zijn eentje het circus van de Formule-1 wakker. Er moest niet zo gezeurd worden, het heette toch niet voor niets 'racen', het kabaal van de motor moest je oren teisteren en risico's nemen, ach, het hoorde bij zijn vak.

De ongehoorzaamheid van Verstappen is zijn grootste wapen. De afgelopen races heeft hij zijn collega's, journalisten, teambazen en organisatoren al op de kast gejaagd met ruwe acties en opmerkingen.

Held-voor-het-leven Niki Lauda spande de kroon met zijn kritiek. 'Die jongen hoort in de psychiatrie thuis. (...) Hij heeft überhaupt geen inzicht, hij ziet niet in dat hij zelf ook iets fout gedaan kan hebben.'

Precies, meneer Lauda, en dat is nou juist zo leuk aan Verstappen. Alles moet bij hem wijken voor de eerste plaats, zelfs de gangbare fatsoensregels op en rond de baan.

Tijdens de race in Maleisië viel de impulsiviteit van Verstappen me weer op. Waar anderen een fractie van een seconde denktijd nodig hebben voor een besluit is dat door Verstappen al genomen. Zijn mooiste manoeuvre? Op topsnelheid in een bocht rechts Button slippend passeren. Zijn banden lieten strepen na op het asfalt, als een zwarte paraaf vol gif.

'*Have a drink*,' kregen Verstappen en zijn teamgenoot Daniel Ricciardo vanuit de pits te horen toen ze samen op kop reden. Geheimtaal voor: haal samen rustig de punten binnen voor het team. Het kostte Verstappen moeite om zich bij het staakt-het-vuren neer te leggen. Hij voerde de druk even op, maar kon niet meer aan kop komen.

In de televisiestudio in Nederland adviseerde Tom Coronel – zonder kousen in de schoenen, maar daar word je niet minder oud van – de zojuist uitgestapte Verstappen: 'Wees ook eens gewoon blij met een tweede plaats.'

Coronel kreeg bijval van het aanwezige publiek. Ik geloof dat Verstappen zijn maatje de winst gunde. Maar blij met een tweede plaats? Hij is een jonge topsporter, een vechtjas zonder genade. Op een goede manier eigenwijs en koppig. Of Max Verstappen ja en amen zegt tegen volwassenen die het beter denken te weten?

Nooit.

Een naakte Ruska

Zijn vader kon een motorblok uit een auto tillen. Dat wist Willem Ruska en hij vond het prachtig. Niet dat hij zijn sterke vader – een Amsterdamse garagemonteur – ooit zag, nee, die had al de pleitvaart genomen toen Willem op 29 augustus 1940 werd geboren.

Willem woog tien pond. Als baby al een zwaargewicht.

'Maar mijn moeder was niet bang voor de bevalling,' zei de judoka later, die tijdens zijn successen op de mat rond de 110 kilo zou wegen.

Zaterdag hoorde ik van de dood van Ruska. In een antiquariaat vond ik een eerste druk van *Vallen & Opstaan* (Wim Koesen, 1972). Zeven euro armer, het levensverhaal van een judokampioen rijker.

In het boek viel mijn oog op een zwart-witfoto: Willem Ruska en Anton Geesink staan in zwembroek tot aan hun enkels in het zeewater. De judoka's hangen rond bij een waterfiets. Er zitten twee meiden in; ze giechelen verlegen bij het zien van zoveel kilo's man.

Anton heeft een slap buikje. Ik kijk naar Ruska. Allemachtig, wat een torso. Vanuit zijn heupen lopen twee enorme spieren schuin zijn zwembroek in. Krachtig, hard, geil en viriel.

Michelangelo had bij het zien van een naakte Ruska zijn David omver gedonderd en was met de judoka als nieuw model woest gaan hakken in het marmer.

Eén zin van Ruska uit het boek gonst na: 'Geesink is van gisteren, ik ben van vandaag.'

Zijn hele leven heeft Ruska moeten vechten tegen de status van Geesink. O, wat had hij hem af en toe graag een oplawaai verkocht. 'Ik word soms gedeprimeerd als de mensen mij zien als Anton zijn schaduw.'

Ruska won in 1972 in München twee gouden olympische medailles, bij de zwaargewichten en in de open klasse. Het succes werd overschaduwd door een terroristische aanslag: elf atleten uit Israël en een Duitse politieman kwamen om het leven.

Als jongen hield ik in die tijd een olympisch plakboek bij. Op het laatst beschreven vel staat met rood potlood: Moord. Ruska moest het in eigen land ontgelden omdat hij tot het einde in München bleef.

In 2001 werd Ruska getroffen door een hersenbloeding. Er rolden nog maar weinig hele woorden uit zijn mond. Het grote lijf had een rolstoel nodig.

'Ervoer je het als onrecht dat het jou overkwam?' vroeg interviewer Martin Simek, in 2004 op bezoek bij de judoka.

'Juist,' zei Ruska.

Dat ene woord deed zeer. Ruska's lichaam zat voorgoed vast in een wurggreep. En aftikken kon hij niet meer.

Ruska overleed op vierenzeventigjarige leeftijd in een verzorgingstehuis in Hoorn. Ik bladerde weer terug naar Ruska in zwembroek. Dit sterke lijf leek ooit geschapen voor de eeuwigheid. Maar de blonde reus ging dood.

Net als Geesink is Ruska nu van gisteren.

Aardappelen op de rug

Over de gevolgen van iemands dood is niets met zekerheid te zeggen. Rond een overledene kan een ernstige sfeer hangen. Nabestaanden vallen in elkaars armen, huilen en stamelen een paar troostende woorden. Maar een moment later kun je ook getuige zijn van een woedeaanval, of zelfs een hilarische lach. Allemaal overlevingsdrift.

Een paar dagen na de begrafenis van zijn moeder zat Feyenoords middenvelder Tonny Vilhena in Deventer op de tribune ogenschijnlijk kalm te kijken naar zijn team. Vilhena had zich dik aangekleed; het windjack was tot aan zijn baard dichtgeritst en zijn capuchon bedekte zijn krullen. Warmte hield de dood op afstand.

Omdat zijn moeder na een langdurig ziekbed op tweeënvijftigjarige leeftijd overleed, lieten alle supporters in de Adelaarshorst in de tweeënvijftigste minuut een klaterend applaus horen. Vilhena hoorde het eerbetoon natuurlijk; toch hield hij zijn ogen gericht op het veld. Er was afleiding genoeg om het verlies van zijn moeder voor even te vergeten: Feyenoord stond met 1-0 achter tegen hekkensluiter Go Ahead Eagles.

Het overlijden van Vilhena's moeder zou Feyenoord aanjagen om hechter en strijdvaardiger dan ooit te opereren, zo werd bij de club gedacht. Op het veld was er weinig van te merken. Feyenoord speelde sloom en leed aan ideeënarmoede.

Coach Giovanni van Bronckhorst was na afloop van de zeperd mild. 'Dit was een totale offday, maar ik ben totaal niet boos. Ik moet trots zijn hoe ze deze zware week als team beleefd hebben.'

De dood bleek weer eens een onbetrouwbare hond; hij lag als een zak aardappelen op de rug van de Feyenoord-spelers en zorgde voor dichte mist in hun hoofd. Uitgerekend op de dag dat Feyenoord kon uitlopen op Ajax en PSV speelde de Rotterdamse club zijn slechtste wedstrijd en verloor voor het eerst in deze competitie.

Tijdens de lange reeks van ongeslagen duels voelde Feyenoord zich de afgelopen maanden onoverwinnelijk. Je onoverwinnelijk wanen is een prettig gevoel, maar de angst om te gaan verliezen groeit intussen met de week. Het is eenvoudig: na winst komt hoe dan ook verlies. En andersom. Daarom was het ook bijzonder dat juist de hopeloze nummer laatst van de koploper won. Het decor was geknipt voor het minidrama. Er maakte zich lichte opwinding van mij meester toen ik zag dat het dak van de lange tribune ondersteund werd door ouderwetse pilaren. De Adelaarshorst is een romantisch stadionnetje midden in een woonwijk. Verliezen in die omgeving maakt een uit spelende voetballer eenzaam, zeker als hij daar op een koude herfstavond nog op het parkeerterrein in de spelersbus moet stappen.

In Deventer gaf de dood allesbehalve een kontje aan Feyenoord. De Rotterdammers waren niet onoverwinnelijk en daar hielp geen moedertjelief aan.

En Mathieu maar snikken

Met zo'n natte lap je kind te lijf; klets, klats, van voren, van achteren, een keer onderdoor halen en klaar. Jonge ouders gebruiken nog graag een washandje. Vroeger lag er in hotelkamers eentje klaar op een paar schone handdoeken.

Gisteren kreeg het ouderwetse washandje een hoofdrol in de wielersport. Na een uur veldrijden over een modderakker in Luxemburg zat coureur Mathieu van der Poel in een partytent te huilen. Hij was tweede geworden; net als vorig jaar was zijn rivaal Wout van Aert weer wereldkampioen.

Mathieu zat voorovergebogen in een plastic stoel. Met een washandje veegde hij over zijn gezicht. Een mengsel van tranen, modder en water droop naar beneden. Onder aan zijn kin bleef een baard van vuil hangen. Nog een keer maakte het zwarte washandje een rondje.

En Mathieu maar snikken.

Na de start van de koers was de Nederlandse favoriet meteen op kop gaan rijden en zocht geconcentreerd zijn weg over het glibberige parcours. Wie kon hem wat maken?

Wout van Aert kwam langzaam op gang. Hij reed als enige op banden met een afwijkend, groen profiel. Er werd vooraf een beetje lacherig over gedaan maar het bleek een uitstekende keuze. Het waren oude banden uit 1997 met een prachtnaam: Michelin Mud. De taaie krengen konden tegen een stootje. Mathieu haalde vooraf zijn schouders op over de bandencultuur. Hij fietste altijd met hetzelfde type. Moderne bandjes. Ze lieten hem lelijk in de steek. Hij reed vier keer lek, Van Aert maar één keer.

Na zijn wasbeurt liet Mathieu het washandje achter in de partytent. De tranen bleven maar komen, tijdens interviews in de koude wind en later ook in de Vlaamse televisiestudio. Hij noemde het verlies 'zijn grootste ontgoocheling ooit'. Zijn gezicht en schouders rilden van de afkoeling. Nee, hij hoefde geen jas. 'Warm wordt het niet meer.' Het tranendal werd onbedaarlijk lang. Alsof alle tot nu toe opgelopen verdriet in zijn leven er allemaal op één dag uit moest. Mathieu wilde tot diep in elke vezel voelen hoeveel pijn het deed om zwaar te verliezen.

Ondertussen liet Van Aert zich interviewen met de modder op zijn gezicht. De poetsbeurt met het washandje kon nog even wachten. Hij vertelde over de overjarige banden. 'Soms zijn oude dingen nog niet zo slecht.'

Vader Adri van der Poel stond tijdens de race in de zone waar zijn zoon van fiets kon wisselen. Bij de vierde lekke band voor Mathieu zag ik hem wanhopig naar het hoofd grijpen.

Alles wat hij – de oude Poel – na de finish nog kon doen was Mathieu opvangen.

Een brede schouder voor zijn kind dat huilde, huilde en huilde.

De zoon van

Onbevangenheid is een groot goed in voetbal. Het spel eenvoudig houden; er is een bal en die moet richting het doel. Kinderen hebben die losheid nog als ze in de gymzaal spelen, of op een pleintje. In de wereld van het profvoetbal wordt je dat plezier snel ontnomen. Luisteren naar de trainer, in dienst spelen van het elftal, geen gekkigheid, geen uitsloverij. Jonge debutanten zijn vaak nog niet door die mangel gehaald. Ze doen wat in ze opkomt.

De zeventienjarige Justin Kluivert kreeg aan het einde van de eerste helft een seintje. Invallen. Het jeugdtalent van Ajax stapte van de bank en liep zich warm. Geen spoor van zenuwen zodra hij binnen de lijnen kwam. Justin spuugde eens lekker op het veld en wilde de bal.

In de tweede helft wervelde hij langs de verdedigers, sterk met links en rechts. Druk? Welke druk? Omdat hij 'de zoon van' is? De blikken van de argusogen ketsten af op zijn wendbare lijf.

Het opvallendste moment? Justin Kluivert kreeg aan de zijkant de bal. Niemand in de buurt. Hij haalde een paar trucjes uit met de bal. Zelfvertrouwen te over. Iedereen op het veld leek de jongen even zijn speelsheid te gunnen.

De ontspannen houding van Justin Kluivert stond in contrast met de verbetenheid waarmee zijn collega

Hakim Ziyech de wedstrijd naar zijn hand zette. De bondscoach van Marokko had hem niet uitgenodigd voor de Afrika Cup. Ziyechs getergde gezicht na het maken van twee doelpunten sprak boekdelen.

Ziyech is zes jaar ouder dan Kluivert jr. In zo'n periode loopt een voetballer tikken op. Ziyech had zware tijden bij het kwijnende Twente, kreeg rotschoppen te verduren en werd al meer dan eens uitgefloten in volle stadions. En nu niet kunnen spelen voor eigen land. Dan verdwijnt de glimlach à la Justin vanzelf van je gezicht.

Na afloop vertelde Ziyech hoe hij het had moeten verwerken dat hij niet voor Marokko mocht uitkomen. Hij – de matchwinnaar – plukte met een serieus gezicht aan zijn baardje, dat aan de zijkant was geschoren in strijdvaardige strepen.

Daarna verscheen het koppie van Justin Kluivert voor de camera. Een jongen, zonder verleden nog bij het eerste van Ajax. De vergelijkingen met vader Patrick durfde hij met open vizier aan: de zoon vond zichzelf één tegen één beter, wat vaardiger ook.

Justin Kluivert las het ontroerende appje voor dat zijn vader vanuit Parijs stuurde. 'Vanaf nu gaat het echt beginnen', was het laatste zinnetje aan zoonlief. Justin glom en liet zijn mobieltje in zijn zak glijden.

Inderdaad, het leven als profvoetballer in de eredivisie was begonnen. Dat Justins onbevangen speelstijl nog lang moge standhouden.

De swing van Kjeld Nuis

Een stoffen hond en muis keken vanuit een hoekje van de wieg toe hoe Jax Nuis lag te slapen. De foto op Instagram was geplaatst op 6 september 2016; een pasgeboren baby had het leven van Nederlands scherpste schaatser in de war geschopt.

Een sportman met een hoofd vol openingsrondjes, ideale kniehoeken en glijmomenten moest luiers verschonen, troosten en opblijven terwijl rust eigenlijk geboden was.

Kjeld Nuis was vader geworden. Thuis werd het ritme van leven bepaald door een afhankelijk wezentje. De profschaatser-zonder-goud moest een pas op de plaats maken.

Op reis leerden zijn collega's hoe je dat deed, toernooien combineren met het vaderschap. Facetimen via je mobieltje. Zet één keer per etmaal je verstand op nul en kijk alleen maar naar de ogen van je kindje, dat op het beeldscherm een man ziet met lachstrepen in het gezicht.

Ik geloof niet dat zijn vaderschap Nuis dit weekend twee gouden medailles bracht tijdens de wereldkampioenschappen in Zuid-Korea. Dat is sentimentele bullshit. Nuis reed een voortreffelijke 1000 en 1500 meter omdat jarenlange arbeid bij een geoliede ploeg loont in de schaatssport. Zijn coach en bewegingsfreak Jac Orie heeft de schaatser secuur afgesteld, als een bolide. De slagen van Nuis op het rechte eind hadden de swing van een metronoom: gelijkmatig en krachtig. De diepe, aerodynamische zit leek hem geen pijn te doen, het was ontspanning tijdens inspanning. En hij had ook nog tijd om tactisch te denken hoe hij zijn tegenstander het vuur na aan de schenen legde.

Was Nuis eindelijk volwassen geworden, zoals werd gesuggereerd? Nee, hij bleef dezelfde vrolijke flapuit, die het leven – met of zonder kind – neemt zoals het komt. Een dubbele agenda ontbreekt. Nuis zet zijn gevoelens direct om in woorden, zonder al te veel bedenktijd. Iets is 'gestoord' of 'sick'.

Als vaderlijke gevoelens dan toch een rol moeten spelen tijdens de successen van Kjeld Nuis in Zuid-Korea, dan wijs ik liever naar een 'senior' langs de baan.

Als het om sportieve vriendschap gaat, stak de kampioen der kampioenen iedereen naar de kroon. Terwijl hijzelf de beste tijd had op de 1500 meter, stond Sven Kramer langs de baan om ploeggenoot Nuis bij iedere passage toe te schreeuwen. Sven, die alle eremetaal al heeft vergaard, hielp zijn rivaal die zo graag goud om de nek wilde.

Ongetwijfeld zal Kjeld Nuis via Facetime zijn twee gouden medailles aan het thuisfront laten zien. Zijn vrouw zal het allemaal begrijpen. En zoontje Jax? Die ziet op het schermpje een lachende wildeman zwaaien met twee blinkertjes aan een kleurenlint.

Bevatten zal Jax het niet. Hoeft ook niet. Laat vader en zoon maar even. Het goud is binnen.

Een spiegel voor Danny Blind

Na de nederlaag tegen Bulgarije zei bondscoach Danny Blind nog: 'Het is logisch dat ik mezelf nu een spiegel voor ga houden.' Zeker, zeer logisch. Een spiegel is nooit ver weg. Vrouwen hebben vaak een rond opmaakmodelletje in hun handtas. In ieder openbaar toilet hangt er wel een boven de kraan en in de auto kun je jezelf eenvoudig van meerdere kanten bewonderen.

Het kan confronterend zijn om naar jezelf te kijken op een dag dat je ongelukkig bent. Danny Blind was bondscoach tijdens 'de slechtste wedstrijd ooit van het Nederlands elftal'.

Dat was niet bepaald een eretitel.

Ik kan me voorstellen dat de eerste confrontatie van Blind met zijn eigen gezicht in de badkamer van zijn Bulgaarse hotel was. Terwijl de tandenborstel rondjes maakte over het gebit, toonde de spiegel zijn evenbeeld.

Zeg het maar, Danny.

Ja, de keuze van debutant De Ligt pakte verkeerd uit, er stond een onzekere keeper in het doel, het middenveld maakte fout op fout, de buitenspelers durfden niet te passeren, de spits voldeed niet. Het spel was lamlendig, onbeholpen; er was geen lijn in te ontdekken.

Alle reden om die avond al tegen zijn evenbeeld te zeggen: 'Stoppen, Danny.'

Een bondscoach wordt beoordeeld op behaalde resultaten en op zijn charisma. In beide gevallen scoorde

Blind onvoldoende. Hij is al veertig jaar bezeten van voetbal, maar juist die drift ontbrak bij zijn selectie. Waar bleef de daadkracht na de snelle achterstand? Waarom stookte niemand binnen of buiten het veld het vuurtje op?

Zelfs het zwaaien met witte zakdoekjes door Nederlandse supporters was van een armoedige kwaliteit.

Het was ontroerend om te horen hoe Robben en Sneijder het nog voor hun coach opnamen en de schuld bij zichzelf zochten. Ze hadden gelijk. Maar ook pijnlijk duidelijk werd dat Blind met zijn volgzame begeleiders niet in staat was het tij te keren.

Blind had de spiegel van de badkamermuur moeten rukken en het ding naar de KNVB-bestuurders moeten draaien. Opeens werden ze gedwongen om naar hun eigen tronie te kijken in plaats van naar de droeve Blind. Durfde de bond toe te geven dat het zwalkend beleid een janboel had opgeleverd?

Ik weiger te geloven dat Nederland momenteel een waardeloze generatie voetballers heeft. Er spelen genoeg internationals in gewaardeerde competities en nieuw talent dient zich steeds weer aan bij de clubs. Het ontbreekt aan goede trainers, aan een doortastend bestuur.

Na zijn vertrek zal het gezicht van Blind er niet vrolijker op worden. Gefrustreerd zal de ex-bondscoach zijn vuist in de spiegel willen boren. Niet doen. Heel laten, is mijn advies. Alle spiegels zijn nodig om de professioneel betrokkenen bij het Nederlands elftal naar zichzelf te laten kijken.

Een stofwolk over kinderkopjes

De huisjes in het dorp Arenberg lijken nog altijd te leunen tegen de immense stalen liften van de verlaten mijn. Wie hier in Noord-Frankrijk als jongen werd geboren, verdween in de schacht. Een helmlamp bescheen een zwarte muur waar je met de punt van je pikhouweel uren tegenaan ramde.

De mijn is al lang gesloten en de mannen met zwart gruis in hun longen liggen onder de zoden. In Arenberg wonen voornamelijk mensen met verhalen over vroeger, in het hier en nu gebeurt niet zoveel meer. Op één dag na: de doorkomst van de wielerklassieker Parijs-Roubaix.

Belgen, Hollanders, Fransen, Duitsers en Engelsen staan met hun campers langs de kant van de weg. Ze lopen naar het bos net buiten het dorp. Daar ligt de roemruchte kasseienstrook van 2400 meter.

Ik ben er ook weer. Leunend tegen een dranghek denk ik terug aan de Algerijnse bewoner van Arenberg, die me hier dertig jaar verleden vertelde over zijn werkloosheid die zo aan hem knaagde.

'*C'est germinal*,' zei hij. Met dat woord verwees hij naar de titel van de roman die Emile Zola schreef over het troosteloze leven in deze mijnstreek.

In de hete zon staan duizenden supporters langs de kasseien. Het bos ligt bezaaid met blikjes, vlaggetjes, proppen wc-papier.

De kasseien glimmen in het zonlicht. Ze lijken schoon, maar dat is schijn. Auto's en motoren rijden het stof tussen de kinderkopjes vandaan. In een wolk denderen de renners voorbij met opengesperde monden. Voor hoesten en drinken is geen tijd.

Door, door, door.

In alle talen wordt geschreeuwd naar renners. De Vlamingen zijn trots op Boonen, de Noren roepen Kristoff na en de Nederlanders vinden in Langeveld hun held.

Op een groot televisiescherm blijven de fans de wedstrijd volgen. De namen van de kopgroep komen in beeld. Bij iedere renner staat een vlaggetje. Wielrennen in Parijs-Roubaix is een strijd van man tegen man, maar ook van land tegen land. Er blijven drie vlaggetjes over: een Belgische, een Nederlandse en een Tsjechische.

Het Belgische vlaggetje wint de sprint.

Laat in de middag loop ik terug door Arenberg. Het is alweer rustig. Alleen op de parkeerplaats staan nog campers. Mannen met ontbloot bovenlijf wapperen met een kartonnetje boven de barbecue.

Bij een verplaatste bushalte staat een oude vrouw met haar boodschappentas te wachten. Ze blijkt een Italiaanse en woont al jaren in Arenberg. Wat vond ze van de doortocht van de wielrenners? 'Geen interesse. Ik poets het huis en ik maak eten. Wat? Tom Boonen? Ken ik niet.'

Op de ruit van de halte staat met viltstift geschreven: '*Trop d'étrangers en France*.'

Stuurs kijkt de vrouw langs me heen. Waar blijft haar bus?

Ziyech en El Ahmadi kussen elkaar

In Rotterdam hadden volwassen mannen hun Feyenoord-onderbroek aangetrokken, het kaarsje vlak voor het clubvlaggetje op het dressoir brandde. En de fan met kampioenstattoo wreef nog maar eens over zijn bewerkte huid. Alle kleine beetjes helpen.

Tijdens de Klassieker is er geen plaats voor de uitsupporters. Fans blijven in hun stad en moeten het doen met het wedstrijdverslag op televisie of radio.

Als de elftallen elkaar begroeten op het veld, komen Karim El Ahmadi en Hakim Ziyech elkaar tegen. De kaalkop versus de gele mohawk. De twee zijn bevriend, ze komen alle twee uit voor het Marokkaanse elftal. De ontmoeting is zacht: een kus op de wang, van twee kanten.

Tot zover de wederzijdse liefde.

Ziyech kruipt vanaf de eerste minuut in de rol van zijn vriend. Hij is een terriër op het middenveld, geeft zijn tegenstander nauwelijks ruimte. Hij toont zich niet alleen de sierlijke speler maar ook een provocerende, harde werker.

Door het snelle doelpunt van Ajax is het elftal van Feyenoord aangeschoten wild. De bal is de sloopkogel die de Rotterdammers van alle kanten raakt.

Tot zijn afgrijzen ziet El Ahmadi zichzelf terug in Ziyech. Hij is niet in staat de rol weer om te draaien. Verloren loopt de Feyenoorder over het veld. Hij is steeds te laat, te vroeg, niet secuur en krijgt geen ideeen in het hoofd.

In slaap gekust door zijn vriend.

Ook andere Ajacieden hebben de rollen omgedraaid. Ze vechten voor iedere bal. Ze lijken vaak net een stap eerder op de plaats delict te zijn.

Ajax is Feyenoord geworden.

En Feyenoord? Dat is Feyenoord niet meer.

Zelfs de Arena-supporters bij de cornervlag nemen de gedaante aan van fans in De Kuip. Als Steven Berghuis een bal in het vak schiet, wordt hij bekogeld. Hij krijgt een aansteker op zijn achterhoofd en moet worden behandeld. Het is of Luis Suárez het weer aan de stok heeft met een woedende menigte in De Kuip.

Er is maar één ding dat Ajax niet overneemt van Feyenoord dit seizoen: scoren. Talloze kansen worden om zeep geholpen. Met name Bertrand Traoré lijkt al van een opbollend net te dromen voordat hij schiet. Ajax doet zichzelf tekort en wint met één doelpunt verschil.

De onderbroek gaat in de wasmand. De brandende lont van het kaarsje wordt met natgemaakte vingertoppen uitgeknepen; even pijn voelen leidt af van de verloren wedstrijd. Over de kampioenstattoo gaat een T-shirt en op de Coolsingel reageert een stel relschoppers zich af.

Wat de Feyenoord-supporters rest is het staren naar pagina 819 op het ouderwetse teletekst, naar de stand van de eredivisie. Hun club staat drie punten voor en heeft het beste doelsaldo.

Ajax snuift, PSV ruikt, Feyenoord hinkt.

Een meeslepende apotheose ligt in het verschiet.

De papegaai van Scarponi

De vraag in de straten van Filottrano is: zou de bekende papegaai uit het Italiaanse dorp al merken dat zijn fietsmaatje dood is? Afgelopen zaterdag overleed Michele Scarponi. De profwielrenner werd tijdens een trainingsritje aangereden door een busje en overleefde de klap niet. Na zijn overlijden verschenen filmpjes op internet van een fietsende Scarponi, in het gezelschap van papegaai Frankje.

De kraaiende stem van de wielrenner tegen de fladderende vogel.

'*Ciao* Frankje, hoeveel rondjes gaan we trainen?'

'Hé, wat zit jij aan mijn helm te knagen?'

'Kom, Frankje, vlieg lekker mee!'

Scarponi filmde met zijn mobieltje in de selfiestand. Hij fietste met één hand aan het stuur en zag op zijn schermpje Frankje in de verte op een elektriciteitskabel zitten. Een paar uitroepen waren genoeg om de papegaai te lokken. Even later landde hij op de schouder van de wielrenner. Of op het kromme stuur.

'*No, no* Frankje, niet aan de rem zitten.'

Keer op keer speelde ik het filmpje af. Jaloersmakend, dat was het. Een frisse fietsochtend in de heuvels van de Marche, cipressen langs de kant van de weg, een blauwe lucht. En een fietsmaatje dat nooit aan je kop zeurt.

Scarponi vertelde dat hij tientallen van dit soort

filmpjes met Frankje had gemaakt en er slechts een paar op internet had gezet. De onderlinge band was innig, zo leek het. Er verscheen een kinderlijke glimlach op het gezicht van Scarponi als de blauw-gele 'macaw' rond zijn fiets fladderde of even de vleugels stilhield in een glijvlucht.

Er zijn topsporters met honden, paarden, sierkarpers, katers. Maar gewone huisdieren halen het niet bij een los vliegende papegaai, in gezelschap van een wielrenner. De romantiek druipt ervan af; noem het gerust een sentimenteel beeld.

Wat zal hij de papegaai allemaal toevertrouwd hebben? Dat hij een vrouw en twee kinderen had? Dat hij de afgelopen week nog een etappe won in de Alpen? Dat hij dopingarts Fuentes kende en weleens met zijn vingers in een verboden potje had geroerd?

Wat is er heerlijker dan een vogel die alles aanhoort en zonder je te veroordelen trouw met je blijft meevliegen?

De helm waar Frankje in de filmpjes zo graag aan knaagde, heeft Scarponi niet voor de dood kunnen behoeden. De Italiaan was zevenendertig jaar en geliefd in het peloton. Snikkend stonden de renners aan de start van de klassieker Luik-Bastenaken-Luik. Alejandro Valverde won en beloofde zijn winstpremie — 20.000 euro — aan de weduwe te sturen.

De vraag in het rouwende dorp Filottrano blijft: hoe maak je een papegaai duidelijk wat er is gebeurd? Zal Frankje begrijpen waarom die ene wielrenner in de straten van het dorp nooit meer zijn naam zal roepen voor een tochtje door de heuvels?

Huilgezichten

Op de middenstip van De Kuip stond een merkwaardige, zwarte doos. Het deed me denken aan de hadj, de jaarlijkse bedevaart in Mekka waarbij pelgrims op een plein massaal talloze rondjes om eenzelfde zwart gevaarte moeten lopen.

Voor hun geloof, voor hun geluk.

Het stadion zat vol met Feyenoord-fans. Ze wisten het van tevoren, ze zouden geen bal over het gras zien rollen. Ze kwamen voor het gezamenlijk kijken naar de zwarte doos waarop livebeelden te zien waren van de wedstrijd van hun club tegen Excelsior. 's Avonds zou Feyenoord boven op de doos gaan staan en de kampioensschaal laten zien.

Zo'n plan, dat is de goden verzoeken.

De dag voor de wedstrijd zat er een gemene gedachte in mijn hoofd. Ik woon vlak bij Excelsior-keeper Warner Hahn. Aardige kerel. Maar fatsoensnormen golden even niet. Moest ik – als geboren Feyenoorder – zaterdagnacht Hahn uit zijn slaap houden en om het uur aanbellen met een smoes?

'Warner, maar heb je misschien een kopje suiker voor me?'

'Sorry Warner, draai jij 's nachts je haar ook in een elastiekje?'

'Warner, durf je morgen bij een penalty te blijven staan?'

Toch maar niet gedaan. Zelf wel heerlijk gedroomd over de wedstrijd. Ik droom al jaren over Feyenoord. Achttien jaar, om precies te zijn. Het gaat altijd uitstekend met de club in mijn dromen, ook als ik meespeel op het middenveld.

Op televisie zag ik af en toe beelden van de volle Kuip. Zenuwachtige gezichten tuurden naar de zwarte doos. Wie tikte met de toverstaf op de bovenkant? Niemand.

Genadeloos werd het opgeklopte optimisme afgestraft. Geplande huldigingen en droomscenario's staan haaks op topsport. Daar gelden psychologische wetten waarmee niet te sollen valt.

De videoschermen op die doos toonden het verschil tussen Excelsior en Feyenoord: een club die gewoon lekker voetbalde en een club die dácht aan lekker voetballen.

Mijn dochter lag tegen me aan toen ik naar het potje keek.

'Af en toe hoor ik je hart sneller kloppen. En je ademt vlug,' zei ze.

'Lijkt maar zo,' loog ik.

In De Kuip werd na afloop een supporter in beeld genomen. Een doorleefd mannenhoofd, haar achterover, worstenvingers voor het huilgezicht. Het leek een foto, zo lang bleef de man stil in zijn verdriet. Ik begreep hem: wat een club, dat Feyenoord. Het gevoel zit diep in je geworteld en het gaat er nooit meer uit.

En toch, toen het huilen me te lang duurde, dacht ik: 'Kom op. Komende zondag nog een kans.'

Hoe het moet na die laatste wedstrijd?

Bij winst moet Feyenoord rondjes lopen over het veld en gaat de schaal van hand tot hand. Bij verlies kunnen de spelers ook rondjes lopen, maar dan zonder schaal. En net zolang huilen tot bij ons allemaal de lach weer doorbreekt.

Zo is het altijd geweest, zo zal het altijd blijven.

Het zout van een traan

Losjes stuurde Ronaldo 'Het Beest' met zijn linkerpink langs de rotskust van de Algarve. De jongens van de Bugatti-garage hadden zijn nieuwe auto heel fijntjes afgesteld. Soms – als er verder even niemand op het asfalt was – gaf Ronaldo een dotje gas en werd hij in zijn kuipstoeltje geduwd.

Lekker gevoel.

Ronaldo wreef ondertussen met de vrije hand over zijn blote dijen. Zijn sportbroekje was hoog opgetrokken, dan kon hij regelmatig kijken naar zijn gespierde bovenbenen die hem nooit in de steek lieten. Zijn kuiten waren bedekt met drukkousen.

De zwarte Bugatti Veyron kon in 2,6 seconden van 0 naar 100. In die tijd kwam zijn vriend Usain Bolt net omhoog vanuit zijn startblok, dacht Ronaldo. De topsnelheid? Ruim 400 kilometer per uur. Langs de kust stonden geen flitspalen, hooguit een paar motoragenten op de vluchtstrook, na een scherpe bocht. Maar ach, die ontdooiden wel als ze hun beroemdste Portugese voetballer herkenden.

Het sms'je op het trainingscomplex van Real Madrid had hem diep geraakt. 'Lieve vriend, ik ben één dag terug op aarde. Kom je naar het einde van de wereld? *Abraço ardente*, E.'

Ronaldo had de boodschap begrepen. Dit kon hij niet afslaan. Hij had maar een middag en avond de tijd, dan moest hij weer terug zijn in Madrid. Maar het reisje kon, zeker met die snelle Bugatti.

De lage zon was zo fel dat zelfs de polaroidglazen van de pilotenzonnebril, de Nike MDL.270, hem af en toe in de steek lieten. Ronaldo kende de weg; iedere Portugees was wel een keer naar het einde van de wereld geweest.

Het bordje CABO DE SÃO VICENTE hing scheef op een paaltje in de zanderige berm. Nog 3,5 kilometer. Ronaldo herkende het uiterste puntje van Portugal. Een wilde zee, rotsen, vale parkeerterreinen, omgekeerde boten met vers teer op de bodem.

Op deze slome maandagmiddag waren er weinig mensen op de kaap. Ronaldo parkeerde de Bugatti, deed een cap op en stapte uit.

Drie uur bij de vuurtoren, dat was de afspraak.

Hij keek op zijn horloge. Vijf voor drie. Mooi. Hij haatte het om te laat te komen. Bij Manchester United en nu bij Real Madrid had hij een naam hoog te houden: altijd als eerste op het trainingsveld. Spelen met de bal, vrije trappen in de kruising schieten. In de linker- en rechterbovenhoek. En na afloop nog een uurtje zweten in het krachthonk.

Golven spatten uiteen tegen de rotsen en zorgden voor een koude douche. Ronaldo moest denken aan de sprinklerinstallatie op het trainingscomplex van Real die af en toe spontaan afging. Hij wreef de druppels van zijn gezicht en streek door zijn haar.

Een warme hand gleed over zijn nek.

'Hoe is het met onze grote volksheld?' hoorde Ronaldo achter zich.

Hij draaide zich om en keek in het ronde gezicht van Eusébio. Er volgde een stille omhelzing. Ronaldo streek over de grijze krulletjes die nog altijd markant laag op het voorhoofd van Eusébio doorgroeiden.

'Kom,' zei Eusébio.

Met kleine passen liep hij langs de witgepleisterde muren rond de vuurtoren en daalde via een stenen trapje af naar rotsachtig gebied. Ronaldo volgde en keek naar de knokige schouders onder het versleten rode trainingsjasje van Benfica.

Eusébio koos een zijpad en ging al snel op de grond zitten. Ronaldo bleef nog even staan en keek uit over de zee. Dit was het zuidelijkste puntje van Europa. De golven sloegen kapot tegen de klif, zo'n dertig meter onder hen. De wind nam de druppels mee en zorgde voor een nevelig watergordijn. 'Ik kom graag aan de overkant. In Marrakesh. Mooie mensen daar. Lekker eten ook.'

Eusébio was stil. Hij pakte een steentje en gooide het voor zich uit. Het was niet te zien hoe het in zee belandde.

Het haar van Ronaldo waaide de verkeerde kant op. Hij drukte de onwillige plukken weer snel in de bakvorm.

'Kroeshaar verdraagt geen vet en gel,' zei Eusébio en lachte ingehouden.

Ronaldo ging naast de oude held zitten. 'Wat vond u van me, op het EK in Frankrijk, lieve man?'

'Goed, niet geweldig.'

'Omdat ik niet genoeg doelpunten scoorde?'

'Nee, omdat je beter kan. Weet je zelf ook.'

'Ik was niet topfit.'

'Je speelt te veel wedstrijden. Terwijl... je hoeft je niet steeds te bewijzen.'

Ronaldo knikte en duwde met zijn hand op zijn hoofd terwijl zijn haar al perfect plat zat.

'U weet toch dat ik altijd alles geef, me kapot train om nog beter te worden dan ik al ben?'

'Weet ik, weet ik. Je sprongkracht is fantastisch. Zoals jij in de lucht kan hangen om te koppen, dat kunnen er maar weinig. Je kunt zweven. Dat is een godsgeschenk, besef dat goed.'

Met zijn oude hand zeefde Eusébio een schelpje uit de losse aarde. Hij stopte het in zijn mond en zoog erop. Met zijn tong duwde hij het schelpje weer naar buiten en liet het in de palm van zijn hand vallen. Hij spuugde een fluim vol zandkorrels over de rand van de klif.

'Aaah!' riep Ronaldo, met een vies gezicht.

Eusébio duwde het schelpje tussen zijn duimen en wijsvinger, bracht het naar zijn mond en blies. Er klonk een schel geluid dat snel vervloog door de harde wind. Na een minuutje fluiten stopte Eusébio het schelpje weer in zijn mond. 'Ik hou van de zoute smaak. De natuur is de bron van alles.'

Er klonk een opgewonden ringtone uit het mobieltje dat Ronaldo tussen buik en broeksband had gestoken. Gegeneerd zette hij de telefoon uit.

'Hoeveel geld heb je op de bank staan?'

'Weet ik niet precies, dat houdt mijn manager allemaal bij.'

'Miljoenen, toch? Veel miljoenen?'

'Ja,' zei Ronaldo. 'Miljoenen... Real is een rijke club, dat weet u.'

Eusébio gooide het schelpje van de ene in zijn andere hand. 'Op mijn achttiende speelde ik in Mozambique, bij Lourenço Marques. Benfica wilde me heel graag hebben. Ze betaalden mijn moeder – ze was toen al weduwe – een bedrag van 7500 dollar. Weet je wat ze zei? "Als mijn zoon niet goed is, betaal ik het terug."'

De twee mannen keken uit over de zee. Een helikopter maakte een ruime ronde over de baai.

'Het einde van de wereld,' mompelde Eusébio in zichzelf. 'Wat was het mooi hier op aarde. Dank Portugal, dank.'

Ronaldo voelde hoe een windvlaag zijn tepels hard blies. Instinctief wilde hij zijn mobieltje pakken om te zien hoeveel mensen zijn blote torso op Instagram een hartje hadden gegeven, maar hij hield zich in.

'Ik heb je zien huilen op het veld in Parijs, tijdens de finale tegen Frankrijk,' zei Eusébio. Hij keek naar Ronaldo, die zijn gezicht afwendde.

'Hoef je je niet voor te schamen. Ik speelde in 1966 de halve finale WK, tegen Engeland. Mijn directe tegenstander was Nobby Stiles. Een kalende, harde verdediger, zijn halve gebit lag eruit. Ik speelde een geweldig toernooi, scoorde zelfs vier keer in één wedstrijd, tegen de Noord-Koreanen. Maar van Engeland verloren we met 2-1, ondanks dat ik een keer scoorde. Ik kon het niet verdragen. Terwijl ik het veld af liep keek ik naar de hemel, vroeg God waaraan ik dit te danken had. En toen kwamen de tranen.'

Eusébio zette zijn bril even op zijn grijzende kroeshaar en veegde met de mouw van zijn trainingsjack het vocht uit zijn ooghoeken. Ronaldo sloeg een arm om hem heen. 'Geeft niet, u zit voor eeuwig bij alle Portugezen in hun hart. De Zwarte Parel van Mozambique is onsterfelijk.'

'Maak dat de kat wijs,' zei Eusébio terwijl hij de bril weer voor zijn ogen zette. 'Ik ben zo dood als een pier. Ze zijn zelfs bezig om me opnieuw te begraven in het nationale Pantheon, tussen presidenten, schrijvers en fadozangeres Amália Rodrigues.'

Met zijn wijsvinger tekende Ronaldo een kruisje op het rimpelige voorhoofd: 'U bent een heilige.'

'Nee, ik ben en blijf die arme sloeber uit Mozambique, de jongen die op blote voeten leerde voetballen. Maar ik leefde voor de bal. Die hele commerciële ellende van nu kan me gestolen worden.'

Eusébio wilde opstaan maar kreeg zijn stramme lijf niet omhoog. Ronaldo sprong op en trok de oude voetballer aan zijn oksels omhoog.

Als een verliefd stelletje stonden ze tegen elkaar aan. Ronaldo was een kop groter. De kruin van Eusébio kriebelde onder zijn kin, maar hij durfde niet te krabbelen. Ronaldo keek naar de blauwe lucht, waar zeemeeuwen hun vleugels spreidden en zich als papieren vliegtuigjes lieten meevoeren door de wind.

'Heeft u al die motten gezien tijdens de EK-finale in Parijs? Er landde er zelfs eentje op mijn oog toen ik op het veld niet meer verder kon door een blessure.'

Ronaldo voelde het oude hoofd op en neer gaan. De jeuk nam toe.

'Gezien,' hoorde hij onder zich. 'Duizenden motten in het Stade de France. Ik heb het gezien, ja. Die klote-Fransen wilden ze eerst nog verdelgen. Ronaldo, ik zeg je in vertrouwen: die motten, dat waren overleden Portugezen die bij hun nationale elftal wilden zijn. Ik hoef jou niet te zeggen hoe Portugal al zo lang verlangde naar een hoofdprijs.'

Op de rand de klif stonden de twee mannen nog steeds in elkaars armen. Eusébio liet zijn handen gaan over de brede rug, de welvingen bij de heupen, over de harde billen. 'Tsjonge, zo sterk als jij ben ik ooit geweest.'

'Maar aan de bal – tijdens een dribbel – was je net zo goed als ik,' zei Ronaldo.

'Misschien wel beter,' antwoordde Eusébio. Zijn lachen ging over in hoesten.

Ronaldo klopte op de broze rug. 'Wie zal het zeggen?'

Ze lieten elkaar los en keken uit over de zee die glinsterde door de laagstaande zon. Eusébio trok de rits van zijn trainingsjack tot aan zijn adamsappel dicht: 'Ik ben moe. Ik wil gaan.'

Aan de arm van Ronaldo liep hij weer omhoog naar de vuurtoren.

'Jij bent nu de volksheld, Ronaldo. Ik weet hoe het voelt. Geniet ervan, maar bedenk: aan het einde van de wereld, aan het einde van het leven is de natuur je grootste vriend.'

Ze zoenden elkaar op de wang. Eusébio keek Ronaldo aan en aaide hem een paar keer over de bol. Automatisch gleed de hand van Ronaldo over zijn haar.

'Het zit goed. Maak je niet zo druk.'

Ronaldo knikte nederig, als een schoolknaap tegenover zijn meester.

'Moet ik u nog ergens heen rijden?'

'Nee, jongen. Ik ga naar de vuurtoren en klim daar naar het licht.'

Ronaldo maakte een high five die niet werd begrepen door Eusébio; de Zwarte Parel had zich al omgedraaid en liep met voorzichtige passen over de rotsachtige bodem. Eindelijk kon Ronaldo aan zijn kin krabbelen.

De lak van de Bugatti was bedekt met een dun laagje zand. Terug in Madrid moest hij maar snel even door de wasstraat. Of zou hij het zelf eens met de hand gaan doen? Ronaldo draaide de auto in de goede richting en reed de kustweg op. In zijn achteruitkijkspiegel zag hij de vuurtoren verdwijnen.

De pink zat weer aan het stuur. Met zijn vrije hand trok hij zijn mobieltje uit de broekband en tikte de code in. Eerst Instagram, van de 77,7 miljoen volgers hadden ruim 2 miljoen zijn blote torso een like gegeven. Hij keek voor zich. Niemand op de weg. Er klonk een piepje. Een vers bericht: 'Die mot op je oog, dat was ik. Lekker, die zoute traan. *Abraço ardente*, E.'

Fontein

Het was een onbezonnen daad om met een herenschoen smerig water te scheppen uit de fontein aan het Hofplein. Het was raar het over je hoofd te gieten en ronduit onverstandig om de schoen aan je mond te zetten en gulzig te drinken.

Dat is wat een kampioenschap van Feyenoord doet. Eerder had ik thuis voor de televisie geschreeuwd bij de doelpunten van Dirk Kuijt en een traan gelaten om het geëmotioneerde gezicht van coach Giovanni van Bronckhorst. Ik stond even niet meer voor mezelf in, maar het behaalde kampioenschap luchtte op. En het water in de fontein bluste mijn verhitte hoofd.

Achttien jaar heb ik met de auto op het Hofplein gereden, nauwelijks oog voor die lelijke fontein. Nu stond ik erin en liet het water tegen mijn borst spuiten. Het verkeer in de omgeving werd omgeleid. Het vertrouwde geluid van tingelende trams en optrekkende auto's was vervangen door schreeuwende mensen.

Opvallend, het woord 'Rotterdam' viel nog meer dan 'Feyenoord'.

Aanvaller Steven Berghuis vertelde een paar weken geleden dat het elftal zich verantwoordelijk voelde voor heel de stad. Zoveel druk kwam er kennelijk vanuit Rotterdam op het team te staan. De barometer in de stad werd in belangrijke mate bepaald door het wel en wee van Feyenoord.

Ik hoorde afgelopen week dat kinderen rond hun dertiende, veertiende bepalen voor welke club ze zijn. Ik was kennelijk vroegrijp; zolang ik me kan heugen ben ik al voor Feyenoord. Clubliefde is niet ingewikkeld; er wordt alleen maar eeuwige trouw van je verlangd.

De afgelopen dagen moest ik veel aan mijn moeder denken. Ze is al een tijdje dood. Met haar was ik als jongen in 1970 op de Coolsingel toen Feyenoord de Europacup won. We stonden vlak bij een hoge zuil van een kantoorgebouw, schuin tegenover het bordes van het stadhuis.

Mijn moeder groeide op in een groot boerengezin. Ze trok in de jaren vijftig naar Rotterdam, stad in wederopbouw. Mijn moeder hield van voetbal en kon hartstochtelijk meeleven. Geen kwaad woord over Rotterdam. Misschien heb ik het van haar, dat belijden van club en stad.

Clubliefde trekt een spoor door je leven. Naast opvoeding, school, vriendschappen, literatuur en muziek, bepaalt een favoriete club ook hoe je in het leven staat. In het geval van Feyenoord werd je geduld de afgelopen decennia op de proef gesteld. Fatalisme is een tweede natuur geworden.

Weer thuis na de fonteinscène gooide ik mijn natte kleren op een hoop en ging onder de douche staan. Schoon, warm leidingwater. Langzaam liep de euforie weg in het afvoerputje. Wat er bleef hangen van het kersverse kampioenschap? Een voldaan, ontspannen gevoel. Niet meer die onzichtbare hand die bij iedere competitiewedstrijd in mijn nek kneep.

Rotterdam kwam de afgelopen jaren met stip binnen op allerlei lijstjes. Als interessante architectuurstad, een moderne metropool met goede musea, winkels, restaurants. In Rotterdam vinden veel mensen de voetbalcompetitie het belangrijkste lijstje. Het kampioenschap doet de Rotterdammers achteroverleunen.

Er mag zowaar even genoten worden.

Ik wil nog één apparaat hartelijk bedanken: mijn espressomachine. Bijgelovig als ik ben, heb het afgelopen seizoen in de keuken mijn linkerhand minutenlang aan de pistongreep gehouden. Een kwartier soms. Zolang ik dat ding beethield, verloor Feyenoord niet. Dacht ik. Gekmakend was het.

Dwanggedachten mogen eindelijk uit het hoofd. Espresso maken en Feyenoord hebben niets met elkaar te maken. Ik weet nu: vertrouw op Dirk Kuijt en alles komt goed.

Verantwoording

De columns verschenen in *NRC Handelsblad* en *nrc. next* tussen januari 2014 en mei 2017.

De verhalen 'Het zout van een traan', 'Nice to meet your, mister Best' en 'Happel' verschenen eerder in het voetbalblad *Santos*.

Het verhaal 'Feyenoorders in het wild' werd eerder gepubliceerd in het boek *Feyenoord de grootste*.

Inhoud

Van Wilfried de Jong verschenen eerder:

Aal
De linkerbil van Bettini
De man en zijn fiets
Kop in de wind
Solo
Zweefduik